中央财经大学—北京市教育委员会"科学研究与研究生培养共建项目—科研项目—北京市企业年金运营与监管研究"课题成果

U0681464

中国养老金网
博时基金管理有限公司　联合课题组
中央财经大学

企业年金基金运营与监管创新

王瑞华　杨长汉　李　梓
孙宁远　王雨萌　张　晨　著

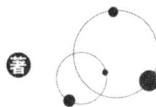

QIYE NIANJIN JIJIN YUNYING
YU JIANGUAN CHUANGXIN

经济管理出版社
ECONOMY & MANAGEMENT PUBLISHING HOUSE

图书在版编目（CIP）数据

企业年金基金运营与监管创新/王瑞华等著．—北京：经济管理出版社，2015.6

ISBN 978-7-5096-3771-5

Ⅰ.①企…　Ⅱ.①王…　Ⅲ.①企业—养老保险—基金—资金管理—中国

Ⅳ.①F279.23②F831.2

中国版本图书馆 CIP 数据核字（2015）第 096798 号

组稿编辑：陆雅丽

责任编辑：杜　菲

责任印制：黄章平

责任校对：赵天宇

出版发行：经济管理出版社

　　　　　（北京市海淀区北蜂窝 8 号中雅大厦 A 座 11 层　100038）

网　　　址：www. E-mp. com. cn

电　　　话：（010）51915602

印　　　刷：北京易丰印捷科技股份有限公司

经　　　销：新华书店

开　　　本：720mm×1000mm/16

印　　　张：13.5

字　　　数：252 千字

版　　　次：2015 年 6 月第 1 版　2015 年 6 月第 1 次印刷

书　　　号：ISBN 978-7-5096-3771-5

定　　　价：45.00 元

· 版权所有　翻印必究 ·

凡购本社图书，如有印装错误，由本社读者服务部负责调换。

联系地址：北京阜外月坛北小街 2 号

电话：（010）68022974　邮编：100836

前　言

　　最早的企业年金计划在 18 世纪美国独立战争后就出现了，正规的企业年金计划从 19 世纪晚期开始出现，1875 年美国快递公司建立了第一个企业年金计划。

　　20 世纪的最后 10 年，欧美等发达国家企业年金规模快速地增长，美国、瑞士和荷兰来自第一支柱的替代率仅为 40%，来自企业年金和个人储蓄性养老计划的养老金收入占到了退休收入的 60% 以上。1997 年，瑞典和荷兰的企业年金资产甚至超过了这两个国家当年的国内生产总值，美国的企业年金资产规模 1990~1998 年不到 10 年的时间就增加了 1.5 倍。1997 年，瑞典企业年金占 GDP 的比重为 117%，荷兰企业年金占 GDP 的比重为 102%。

　　作为三支柱养老体制之一的企业年金，是欧美企业最重要、最普遍的激励机制。成熟市场国家 60% 以上的企业设计了企业年金计划。其中美国企业年金对劳动力的覆盖率达到 57%、英国达到 60%、德国达到 65%、法国达到 80%。

　　中国从 1993 年开始进行企业补充养老保险试点。经过长期的发展，积累了大量的经验和资金。2004 年，《企业年金试行办法》和《企业年金基金管理试行办法》颁布实施，中国企业年金进入了规范快速发展的阶段。

　　1991~2000 年长达 10 年的时间内，中国只有 1.6 万多家企业建立企业年金，参加职工 560 万人，基金积累仅 191 亿元。而到 2006 年底，全国建立企业年金的企业已达 2.4 万多家，参加职工 964 万人，积累基金 910 亿元，比 2000 年增长了 376%，年均增长 100 多亿元。到 2013 年，企业年金积累规模已达到 6034 亿元。

　　截至 2014 年三季度末，我国建立企业年金的企业达到 72171 家，参加企业年金计划的企业年金职工为 2210.46 万人，企业年金基金积累达到 7092.39 亿元。全国建立企业年金计划 1366 个，其中单一计划 1290 个、集合计划 52

个、其他计划 24 个。企业年金单一计划当中，法人受托单一计划 1082 个、理事会受托单一计划 208 个。

随着企业年金税收优惠政策的落实、中国人口老龄化的倒逼、中国巨大的职工人数的基数支撑，中国企业年金总规模将持续快速扩大。

2004 年，中国人力资源和社会保障部颁布实施《企业年金试行办法》，中国人力资源和社会保障部联合银监会、证监会、保监会颁布实施《企业年金基金管理试行办法》，使中国企业年金进入了合法规范运行的时期。

由人力资源和社会保障部、证监会、保监会、银监会联合颁布的《企业年金基金管理办法》（以下简称 11 号令）于 2011 年 5 月 1 日开始实施，替代 2004 年 5 月 1 日实施的《企业年金基金管理试行办法》。2013 年，国家有关部委相继出台了《关于企业年金养老金产品有关问题的通知》、《关于扩大企业年金基金投资范围的通知》、《企业年金、职业年金个人所得税有关问题的通知》，这使我国企业年金行业发展进入了更加规范化、市场化、现代化的发展阶段。企业年金相关的监管部门、企业、金融机构、科研机构面临新的制度环境。企业和金融机构都需要遵循新的企业年金基金管理法规进行企业年金计划管理和企业年金运营管理，探索企业年金基金管理的规律。企业年金的理论研究，也需要吸收实践经验、结合制度约束条件创新发展。

本书围绕现实的急迫需求，吸收国内外先进的理论成果，以《企业年金基金管理办法》等最新的企业年金法规为制度约束条件，研究企业年金理论、企业年金市场格局、企业年金计划管理、企业年金治理结构、企业年金运营流程与模式、企业年金投资管理、企业年金监督管理。本书的创新点在于：

（1）结合企业年金计划管理和企业年金运营管理、企业年金监督管理等进行企业年金基金研究，适应企业年金基金在企业人力资源和薪酬福利部门、金融运营机构及政府监管部门三个层面的需要。

（2）探索建立企业年金基金管理的一般理论和方法，对企业年金理论、市场、计划、治理、流程、模式、投资、监管进行系统研究。

（3）探索企业年金、养老基金投资对权益类资产的投资偏好规律，深化研究长期投资者的投资组合选择理论。

（4）研究方法上，结合人力资源、薪酬福利、社会保障、企业管理、公共管理与金融学、投资学的理论运用于企业年金基金的研究。

2000 年以来，我们参与国际经合组织等国际组织、中国劳动和社会保障部及其他相关政府部门、国内外著名金融机构、大型企业集团有关企业年金、养老金的课题研发和市场培育。

给予我们帮助、指点、支持的单位、人士如此之多，以至我们不能一一全部列名致谢。但是，我们相信，我们会共同以事业之心，共襄中国企业年金、养老金事业，用心努力来感谢所有关心、支持中国企业年金、养老金事业的机构和人士。

企业年金、养老金是全民事业，是全民福祉。这是一个开放的平台，是大家共同的事业，需要所有相关机构和人士的共同努力、共同集成经验和智慧。每个为这个事业做出的任何积极建设的努力，都是中国企业年金、养老金事业发展的动力。

企业年金的最终福祉在于企业及其职工，面向企业及其职工，企业年金监管、理论、运营、服务才有价值，才有无限广阔的空间。

本书编写过程当中，由于时间和水平所限，难免有疏漏、错误之处，恳请读者通过 banker10@163.com 批评指正。

王瑞华　杨长汉

2015 年 1 月 6 日于中央财经大学

目　录

第一章　企业年金理论概述

第一节　企业年金理论的起源与发展

企业年金是养老金体系中的第二支柱。传统的企业年金理论在金融投资方面基本上没有形成系统的理论。传统的养老金理论多从公共管理的范畴展开。20世纪50年代以来，世界养老金制度发生了革命性的变化。欧美现代养老金体制形成了国家立法强制实施的第一支柱、国家政策鼓励扶持的第二支柱、公民自愿积累养老储蓄的第三支柱等多支柱体系，积累制、基金制的企业年金已经发展成为金融市场的重要组成部分，养老金理论逐步进入金融范畴。现代企业年金基金理论结合公共管理和社会保障理论，逐步运用现代金融投资理论如金融中介功能理论、投资组合理论、生命储蓄周期理论。

论述金融中介的功能并把它提升到金融中介功能观层次的是 Merton 和 Bodie（1993）[1] 和 Merton（1995）[2] 的分析。金融中介功能观大大地拓展了金融中介理论的视野，从而把金融中介理论的研究推向了一个新的水平。金融中介功能观的核心内容可表述为：金融功能比金融机构更稳定，亦即在地域和时间跨度上变化较小；机构的形式随功能而变化，即机构之间的创新和竞争最终会导致金融系统执行各项职能效率的提高。而且功能观首先要问金融体系需要

---

① Bodie Z., R. C. Merton. Pension Benefit Guarantees in the United States: A Functional Analysis. in R. Shmitt, Ed., The Future of Pensions in the United States, Philadelphia, PA, University of Pennsylvania Press, 1993.

② Merton R. C. A Functional Perspective of Financial Intermediation. Financial Management, 1995, 24 (2).

行使哪些经济功能，然后去寻求一种最好的组织机构，而一种组织机构是否最好，则又进一步取决于时机和现有的技术（Merton，1995；Bodie，2000）①。

企业年金积累的理论基础是弗兰科·莫迪利亚尼的储蓄生命周期理论。居民储蓄包含三种动机：养老动机、预防动机和遗产动机。随着人口老龄化的影响、代际养老矛盾的激化，居民的养老储蓄动机加强。根据储蓄生命周期理论，居民储蓄取决于个人的终生收入。居民个人从参加工作到退休前不断积累其养老基金包括企业年金，以满足其退休后数十年的消费支出。居民养老储蓄积累周期长、规模大，以至企业年金规模迅速扩大，形成巨大规模，在金融机构资产当中占据重要份额，成为金融市场的重要组成部分。

指导企业年金投资的基本理论是现代投资理论。现代投资理论的产生以1952年3月哈里·马柯威茨（Harry M. Markowitz）所发表的题为《投资组合选择》的著名论文为标志，至今只有60多年的发展历史。现代投资理论主要由投资组合理论、资本资产定价模型、套利定价模型、有效市场理论以及行为金融理论等部分组成。它们的发展极大地改变了过去主要依赖基本分析与技术分析的传统投资管理实践，使现代投资管理日益朝着系统化、科学化、组合化的方向发展。现代投资理论尤其是投资组合理论和长期投资者资产组合选择理论为企业年金投资提供了基本的理论指导。当代法博齐、戴维斯等人，大量运用现代投资理论尤其是投资组合理论于企业年金投资研究，指导企业年金投资管理。

Bodie 和 Merton 合著的《金融学》把养老金和退休基金与银行、保险、共同基金、投资银行等并列为金融中介机构。其定义的企业年金计划的职能是，将社会保障的退休金和私人储蓄结合起来，重新安排个人的退休前收入，养老金计划可以由雇主和工会、个人发起。米什金所著的《货币金融学》把养老基金和保险公司、金融公司、共同基金、证券机构并列为非银行金融机构。非银行金融机构同银行一样，将资金从贷款—储蓄者引致借款—支出者。养老基金在资产转移的金融中介功能中，向公众提供了另一种保护，即退休人员的收入。雇主、工会和私人都可创建企业年金计划，从养老参与者那里获得资金。法博齐和莫迪利亚尼合著《资本市场：机构与工具》，把养老基金和保险公司、投资公司并列为非存款性机构。他们明确指出：金融中介机构包括存款性机构、保险公司、养老基金和金融公司。2000年，博迪和大卫首次提出了养老金金融的概念。2006年，英国伦敦卡斯商学院养老金经济学的教授大卫·布莱

① Bodie R. Finance. Preliminary Edition, Prentice Hall, Inc. Bodie, Z. R. C., 2000.

克（David Blake）出版了专著《养老金金融》即 *Pension Finance*，首次专题对养老金金融进行了学术探讨。

中国养老金金融理论和投资理论尚未形成系统的理论体系。厉以宁、吴敬琏、刘鸿儒、戴相龙、周小川、郭树清等人对中国养老基金、社会保障体系的建立给予了高度关注并进行了一定的研究。吴定富、刘永富、王东进、胡晓义、郑秉文、穆怀中、何平、董克用、孙祁祥、袁志刚、邓大松、杨燕绥、李珍、赵曼、林义、郑功成、孙建勇、刘昌平等人对养老金和企业年金的经济学理论和公共政策进行了大量的研究。魏加宁、陈文辉、孙建勇、陈良、张浩、巴曙松、李伏安、李正强、郭特华、王建、滕天鸣、张雪松、刘昌平、郝伟、殷雷、林侃、孔泾源、何平、李绍光、耿志民、钱小安、傅安平、刘云龙、郑文祥、程月辉、高松凡、缪钧伟、何树方、陶钧、宋华、陈正阳、耿红、韩强、何伟、赵跃、陈玉祥、肖伟、祝献忠、李海红、杨帆、陈凌、伊志宏、李晓林、李曜、朱青、郭琳、林羿、王强、龚刚、杨长汉、邹照洪等人就养老金和企业年金改革模式、企业年金与资本市场的关系、企业年金投资监管、企业年金投资管理、企业年金测算与资产评估等进行了一定的研究。

中国已经积累了庞大规模的企业年金而且规模日益扩大，现代企业年金体系逐步建立和完善，迫切需要系统的金融投资理论指导企业年金的计划管理、筹资模式、运营模式和流程、投资政策、资产配置、风险控制、绩效评估、资产负债管理、投资监管等各个方面，形成系统的企业年金基金管理的一般理论和方法。

第二节　企业年金制度发展的理论支撑

一、宏观视角下企业年金的理论支持

（一）多支柱养老金制度的理论支持

20 世纪 90 年代以来，世界银行、国际经济合作与发展组织（OECD）等国际组织将养老保障概括为三个支柱：

第一支柱是基本养老保险，主要是指政府强制实施的国家公共养老保险计划。主要是固定收益型养老金模式，一般采取现收现付制度，目标是保障社会成员或一定范围内的退休者的基本生活，功能是养老金的社会公平。

第二支柱是企业年金，总体上泛指企业雇主对雇员实施的养老金计划，兼有固定收益型养老金计划和固定缴费型养老金计划。一般与就业相关联，企业年金养老待遇与缴费和投资回报率相联系，兼具公平和效率功能。

第三支柱是个人自愿性的养老计划，一般为自愿养老储蓄，是对第一、第二支柱养老金的补充。包括个人的养老金银行储蓄、商业养老保险、个人养老金基金投资等。

国际货币基金组织（International Monetary Fund，IMF）定义养老金制度的主要目标为：第一，防止老无所养；第二，拉平一生中消费支出的分布；第三，保险功能——为寿命特别长的人提供养老生活保障，养老金制度的设计应在维护社会公平和制度结构弹性的基础上，实现公平与效率的平衡①。世界银行总结世界各国养老金制度的经验，倡导包括企业年金在内的三支柱养老金体系②。国际劳工组织（International Labor Organization），倡导包括企业年金的四层次养老金体系③。

在市场经济条件下，社会有公平与效率的目标冲突问题，市场运行有"政府失灵"和"市场失灵"的问题。实行包含企业年金制度的多支柱养老金体系，能够同时解决养老金的"政府失灵"和"市场失灵"问题，而且既能实现再分配公平，又能提高经济效益，促进养老保障资源的合理配置，增进个人福利和社会福利。从经济学角度来分析，根据公共性的不同可以分为由政府提供的公共养老金制度和由非政府提供的私营养老金制度。公共养老金制度可以满足社会基本养老保障需要，实现养老金社会公平的目标。但个人的偏好不尽相同，导致每个人会有不同层次的需求，单一的保障公平的公共养老金制度难以实现经济效率目标。多支柱养老金制度从制度安排上为个人的不同养老保障需求提供了不同的制度保证，在实现养老金制度公平的同时，实现经济效率。传统的养老金制度是一种公共产品。养老金本质上可以个人缴费、私人所有、个人受益，只是由于社会分配、市场失灵才导致公共监督或公共供应。实

① 孙建勇：《企业年金管理指引》，中国财政经济出版社2004年版。
② 世界银行：《防止老龄危机：保护老年人及促进增长的政策》，中国劳动和社会保障部社会保险研究所译，中国财政经济出版社1997年版。
③ 科林·吉列恩、约翰·特纳、克利夫·贝雷、丹尼斯·拉图利普编：《全球养老保障——改革与发展》，杨燕绥等译，中国劳动社会保障出版社2002年版。

质上，现代多支柱养老金体系是公共品、准公共品和私人物品的混合体。私人产品由市场供应，更能实现经济效率，但市场运行有市场失灵的问题。凯恩斯系统地提出了市场失灵政府干预的理论。1954 年萨缪尔森（Paul A. Samuelson）首先提出市场机制无法有效解决具有外部性的公共品的资源配置的市场失灵问题，在给出了政府供给的效率条件之后，得出公共品应该由政府供应的理论主张。但是，政府供给也存在"政府失灵"问题。科斯（Coase）、林达尔（Lindahl）、纳什（John Forbes Nash）等新自由主义经济学派的代表人物从不同的角度重新审视市场供给公共产品的问题，相应地给出了非政府供给即市场供给的效率解。对于养老金制度，现代公共产品理论普遍认为公平也是一种公共品，政府应提供公共养老金制度实行收入再分配以实现社会公平；而非政府即市场供给的私营养老金制度能更好地发挥市场机制对资源优化配置的基础作用，提高管理效率进而提高整个社会的经济效率。

（二）基金制企业年金制度的理论支持

养老金制度有现收现付制和基金制两种类型。现收现付制度即 Pay-as-you-go 制度，其功能是通过代际分配实现社会养老的功能，当代人缴费，为上一代退休人员提供养老金。现收现付制不具激励性功能或激励不足，其功能更多地表现为弥补市场失灵和实现收入再分配。现收现付制的制度目标是社会公平，缴费与受益缺乏制度性关联，存在很强的共济性，可视为不同参保人之间存在着差别税率，差别性的税率结构会产生更大的扭曲效应，导致企业和个人缴费积极性不高、"搭便车"等现象。现收现付制养老金制度以社会理性代替经济理性，其前提条件是"阿伦条件"：1966 年，阿伦（Henry J. Aron）在其经典论文《社会保险悖论》（The Social Insurance Paradox）中曾经证明，如果萨缪尔森的"生物回报率"（人口增长率+实际工资增长率）大于市场利率，现收现付制能够在代际之内进行帕累托有效的配置；基金制将会带来一个使各代的生命期效应都要减少的跨时配置。由于 Aaron 是把实际工资增长率和市场利率作为一个外生变量来对待的，因此他所指的经济被称为是一个小型的开放经济，而现收现付制赖以达到帕累托有效的外生前提也被称为"阿伦条件"（Aron Condition）[1]。当现收现付制的理论前提——阿伦（Henry Aron）条件不成立时，即出现了人口增长率下降、人口老龄化、人口赡养比提高的情况下，

---

① 孙建勇：《企业年金管理指引》，中国财政经济出版社 2004 年版。

现收现付制养老金制度就会出现入不敷出，财政不堪重负，现收现付制将面临破产而且将产生代际不公平。目前，欧美国家就面临人口老龄化、现收现付养老金制度难以为继的挑战。同时，在现收现付制下，以公平分配为目标的养老金实行公共管理，不能发挥市场的基础作用，管理效率低下。

基金制养老金制度则不同于现收现付制。个人账户基金积累属于个人产权，能够很好地将缴费与受益直接挂钩，个人养老金权益没有被调剂的可能，消除了现收现付制中的激励不足问题。缴费与受益挂钩，缴费越多待遇越高，可近似视为参保人之间存在着单一税率。基金制企业年金制度，排除了现收现付制养老金制度差别性的税率结构导致的扭曲效应。通过实行个人账户可以减少"岗位约束"①，减少现收现付制产生的"搭便车"现象，增强个人参与、缴费和监督的积极性。个人所有的基金制的养老金，可以实行市场化竞争性管理。发挥市场机制的基础作用，实现经济效率。公共垄断性管理转为市场竞争性管理使得现收现付制下不具生产力的资本转变为可以市场投资运作的具有生产力的资本；基金运营效率的提高将大大增进雇员的福利。个人账户制的养老基金，明确了养老基金的所有权人是企业员工本身，私人所有、个人收益。个人恢复了理性经济人地位，由于个人追求自身利益最大化动力，促使养老金计划包括企业年金计划的参与者主动去选择、监督业绩良好、费用合理的养老基金管理人，促进养老基金的基金管理者努力提高运营效率、管理水平、服务质量尤其是投资业绩，最终实现增进雇员福利和社会福利的社会目标。

现收现付的养老金制度在现代社会经济中失去了其制度持续性的社会经济条件。只有在多支柱养老金体系中引入遵循个人经济理性的个人账户制的基金制养老金制度包括企业年金制度，建立多支柱养老金体系，才可能保障整个养老金制度的可持续。而且，实行企业年金基金制度，可以实现企业养老金制度与金融资本市场的良性互动。

二、微观视角下企业年金的理论支持

（一）雇主父爱主义理论

历史经验显示，大部分企业年金计划是由雇主先提出的，不是社会压力、

---

① "岗位约束"是由于企业提供了"不可携带性"的企业福利，产生较强的"企业依附性"，限制了职工的流动。

政府主导、法规强制的结果。欧美大多数企业在早期，都是自愿地为企业雇员建立伤残等保障计划，其后逐步发展到企业年金等养老金计划。埃佛里特·艾伦等人认为雇主建立企业年金的主要动机在于其"有一种与控制雇员的愿望联系在一起的父爱主义传统"。在现实中，由于一些雇员年轻时过度消费，以致没有为自己年老时的生活准备足够的储蓄和积累。雇主因此把雇员视为"不够理智"的孩子，通过建立企业年金计划等企业保障计划的道德义务手段来对雇员实行激励、增加雇员福利、提高雇员积极性和归属感，间接提高企业的生产率。

（二）人力资本折旧理论

建立企业年金计划的另一个基本理论是"人力资本折旧理论"。20 世纪60 年代，美国经济学家舒尔茨和贝克尔创立的人力资本理论，开辟了人类关于人的生产能力分析的新思路。人力资本理论突破了传统理论中的资本只是物质资本的束缚，将资本划分为人力资本和物质资本。所谓人力资本折旧，是将雇员的人力资本价值比喻成同厂房或机器设备的固定成本一样，厂房或机器设备会因为长期损耗而折旧，长期雇员也会因为退休后赚取收入能力丧失而需要雇主给予相当于充分折旧的退休金。换言之，保护人力资本价值的费用——退休金，与厂房和机器的固定成本分摊——折旧一样，两者对雇主而言，都是生产所需负担的成本。而养老金更具有社会意义，应该是雇主对老年雇员不可推卸的企业责任和社会责任。

（三）延期支付理论

企业年金的"延期支付理论"是 1913 年由美国学者 Albert de Roode 提出，他认为："要充分了解退休金的概念，就必须将退休金给付视为其一部分。虽然退休金费用可由劳资双方共同分担，但目前的趋势应全部由雇主负担，由于雇主往往取消现金工资的增加，以建立养老金制度，使得退休金费用由雇主负担的观念混淆不清。这种行为无疑使雇员以放弃货币工资增加为代价来换取退休金，是雇主将退休金费用转嫁给雇员承担。"[①]

所谓延期支付，就是指雇员在当前增加货币工资与未来领取退休金二者之间有选择权，如果选择后者，退休金给付就可以视为雇主支付给雇员的待遇的

---

① 邓大松、刘昌平：《中国企业年金制度研究》（修订版），人民出版社 2005 年版。

一种延期支付方式。这一理论把企业年金视为劳动报酬的组成部分，是雇员应得的报酬而不是雇主的无偿福利。

（四）效率工资理论

效率工资理论认为支付比市场出清工资更高的工资，劳动总成本可能最小，厂商能够获得更多的利润。雇员工作的效率与雇员的工资有很大的相关性，高工资使工人效率更高。所谓效率工资（Efficiency Wage）是使劳动总成本为最小的工资。与效率工资紧密相关的是市场出清（Market Clearing）工资。市场出清工资是使劳动市场出清的工资，也就是劳动力市场均衡时即劳动供给等于劳动需求的工资。效率工资一般高于市场出清工资。效率工资理论的假设条件是生产率受企业支付工资的影响，当工资影响生产率时，增加工资带来生产率的提高，减少工资导致的是成本增加而不是降低。

企业年金是企业在员工工资、法定福利之外的一个福利补充，可以说是效率工资的体现。国内企业进行薪酬变革的一个方向，就是要支付效率工资。企业员工的报酬管理制度已经发展成为"一揽子薪酬"管理，包括工资、激励性分配和各类福利，企业年金计划作为国际上大多数国家通行的薪酬福利制度安排与企业的经营战略、人力资源发展战略以及职工个人职业生涯的设计结合起来，已成为企业吸引员工、提高生产率、提高企业竞争力的重要手段。

第三节　企业年金的内涵与研究意义

一、企业年金的定义

"企业年金，即由企业退休金计划提供的养老金。[①]"世界企业年金制度的发展已经有100多年的历史，美国运通公司1875年建立了第一个企业年金计划[②]。不同国家对企业年金有不同的名称，如美国有雇主养老金、欧洲有职业

---

① 杨燕绥：《企业年金理论与实务》，中国劳动社会保障出版社2003年版。
② 莫瑞·韦博·拉蒂麦尔：《产业企业年金制度》，《产业关系顾问》1932年第2期。

年金、澳大利亚有超级年金、智利有私营养老金、香港有强积金，等等。虽然世界各国对企业年金制度使用的名词不同，但本质上，欧美国家的企业年金即指企业在国家基本养老金制度之外为雇员设立的企业养老金制度。"企业年金是指在政府强制实施的基本养老保险制度之外，企业在国家政策的指导下，根据自身经济实力和经济状况建立的，旨在为本企业职工提供一定程度退休收入保障的制度。[①]"

中国自 1991 年开始试点企业补充养老保险制度。在 2001 年 3 月 15 日九届全国人大四次会议批准的《中华人民共和国国民经济和社会发展第十个五年计划纲要》中首次提出"鼓励有条件的用人单位建立企业年金和补充医疗保险"，第一次正式使用"企业年金"一词。2004 年 5 月 1 日，原中国劳动和社会保障部颁布《企业年金试行办法》，并联合证监会、银监会、保监会颁布《企业年金基金管理试行办法》，企业年金在中国正式成为法定的企业养老金制度。至此，企业年金是指企业及其职工在依法参加基本养老保险的基础上，自愿建立的补充养老保险制度。

2011 年 2 月 12 日中国人力资源和社会保障部第 11 号令公告：新修订的《企业年金基金管理办法》已于 2011 年 1 月 11 日人力资源和社会保障部第 58 次部务会审议通过，中国银行业监督管理委员会、中国证券监督管理委员会、中国保险监督管理委员会审议通过。自 2011 年 5 月 1 日起施行。劳动和社会保障部、中国银行业监督管理委员会、中国证券监督管理委员会、中国保险监督管理委员会于 2004 年 2 月 23 日发布的《企业年金基金管理试行办法》（劳动和社会保障部令第 23 号）同时废止。

企业年金基金确定为：根据依法制定的企业年金计划筹集的资金及其投资运营收益形成的企业补充养老保险基金。

二、企业年金的性质

企业年金是介于基本养老保险和商业养老保险之间的企业养老保障工具，是多支柱养老金体系的重要组成部分，属于三支柱养老金体系中的第二支柱。基本养老保险侧重公平，企业年金兼具公平和效率功能，商业养老保险则侧重

---

① 邓大松、刘昌平：《中国企业年金制度若干问题研究》，《经济评论》2003 年第 6 期。

市场效率功能①。

基本养老保险是指由国家组织并强制实施、为劳动者甚至全体老年公民提供养老金的老年保障制度。基本养老保险制度的资金有的来源于雇主和雇员的共同缴费，有的来源于一般税收，列入公共支出预算，具有共济从而公平分配的功能。与基本养老保险制度相比，企业年金往往不由国家强制实施而由企业及其职工自愿实施，属于个人账户所有，国家采取税收优惠等政策激励企业年金发展并由政府监管部门进行行业监管。企业年金一般采取基金积累方式而不采取基本养老保险普遍实行的"现收现付"制，因而需要市场化投资，投资风险由企业年金计划参与者承担。

商业养老保险是以获得养老金为主要目的的长期人身保险，称为年金保险、退休金保险、养老保险，采用死亡率等指标按照大数法则进行精算，以此为基础收取费用和支付待遇，按照完全的商业方式进行运作和投资，并获得经营收益，不承担强制性的社会义务。商业养老保险投保人，在缴纳了一定的保险费以后，按照保险合同从一定的年龄开始领取养老金。商业养老保险的投资管理一般由保险公司按照合同进行运营管理，商业养老保险的投保人的收益一般在投保即确定未来的固定受益水平。与商业养老保险相比，企业年金虽然是按市场化运营和管理，但它有专门的政策法规限制，不属于商业保险，企业年金的最终受益水平也不能提前确定。

企业年金是现代养老金体系中的第二支柱。随着企业年金的发展，企业年金成为金融市场的重要的机构投资者。目前中国企业年金正在构建市场化、账户制、基金制的体系，企业年金基金属于个人所有、市场运营、政府监管，企业年金基金归为金融的范畴②。

三、企业年金研究的意义

老有所养是中国5000年的人文理想，是中国13亿国民的福祉。改革开放以来，现代化的多支柱、积累制、基金制的养老金体制在中国逐步形成。企业年金是中国应对老龄化挑战、养老金缺口、"4-2-1"特殊家庭人口结构、养老金"政企公平"的重要制度安排。截至2013年底中国企业年金已经积累了

---

① 杨长汉：《中国企业年金投资研究》，中央财经大学博士学位论文2010年。
② 杨长汉：《中国企业年金投资运营研究》，经济管理出版社2010年版。

6000 多亿元的资金，世界银行预计中国 2030 年年金将达 15 万亿元。企业年金是企业职工的"养命钱"，企业年金投资的安全性原则是投资的首要原则。同时企业年金具有长期性特征，资金积累周期长达几十年之久，企业年金基金规模越来越庞大。加之企业年金体系包含国家、企业单位、个人的共同参与，市场因素和非市场因素共同发挥作用，企业年金投资因此对投资的管理模式、筹资模式、投资工具选择、投资政策、资产配置、风险控制、绩效评估、监管都有不同的要求。

从企业来说，建立企业年金，是企业人力资源和职工福利制度的一项战略选择。企业追求基业长青、做"百年老店"，决定因素是以人为本。目前中国养老金制度实行行政事业单位和企业职工退休养老"双轨制"，行政事业单位职工退休待遇是企业退休职工待遇的两三倍，严重制约企业吸纳和保持社会优秀人才。实行企业年金制度，可以使企业职工退休待遇"合理合法"地补充、提高，为企业职工尤其是管理人才和核心技术人才戴上"金手铐"。

从企业职工来说，基本社保待遇仅仅是为职工提供了最基本的保障。根据统计情况，虽然我国部分地区退休职工养老金每年稳步提高，但我国退休职工人均退休金仍然低于城镇社会人均消费水平。这就意味着，如果没有企业年金待遇作为补充，企业职工的基本社保待遇决定了职工仅仅是保障职工退休待遇低于社会人均消费水平。

中国已经有了庞大的企业年金行业规模，但运用现代投资学理论研究企业年金投资理论几乎还是空白。目前国内对于企业年金的研究更多地采用公共管理和社会保障的研究方法。结合现代金融学、投资学理论，系统地研究企业年金基金，对于中国企业年金制度建设、政策优化、企业管理、市场运营、学术研究，都具有重要的意义。

第二章　中国企业年金的发展

第一节　中国企业年金的发展概况与现实意义

一、中国企业年金的发展概况

（一）中国企业年金的发展历程

企业年金在中国产生于 20 世纪 80 年代末 90 年代初，自 1991 年国务院颁布《关于企业职工养老保险制度改革的决定》提出企业可根据自身经济能力建立企业补充养老保险起，至 2004 年劳动和社会保障部（以下简称劳动保障部）颁发《企业年金试行办法》、《企业年金基金管理试行办法》（以下简称两个《试行办法》）之前的时间里，中国没有对企业年金投资管理和运营增值做出过任何明确的规定。两个《试行办法》实施以来，企业年金基金投资才有明确的规范。

本书以 2000 年底颁布的《关于完善城镇社会保障体系的试点方案》和 2004 年 5 月 1 日颁布的《企业年金试行办法》为界，将企业年金分为三个阶段，即企业补充养老保险阶段、企业年金试点阶段和企业年金规范发展阶段。

1. 企业补充养老保险阶段（1990~2000 年）

这个阶段企业年金被称为企业补充养老保险，是我国企业年金的探索阶段。

在企业补充养老保险阶段，各地在进行退休费用社会统筹的基础上，提出了中国养老保险改革的目标、原则和建立多层次养老保险制度的框架。制度取向是鼓励企业实行补充养老保险，劳动部门所属的社会保险管理机构等非营利事业单位，负责具体经办补充养老保险业务。一些地方性试点性质的企业补充养老保险相继推出了地方试点政策文件，对补充养老保险给予程度不同的税收优惠，这些地方性的政策探索推动了各地企业年金市场的发展。行业统筹补充养老保险进一步发展，为行业企业年金基金积累了一定的制度和市场基础。这个阶段的企业年金管理隶属于社会保险公共管理机构，投资范围限定在储蓄和国债以及少量的企业债券和金融债券。对企业补充养老保险基金投资没有明确的规范。《关于企业职工养老保险制度改革的决定》只简单地提出了列支渠道问题；1995 年劳动部《关于印发〈关于建立企业补充养老保险制度的意见〉的通知》中，只比较详细地规定了组织程序和管理、资金来源渠道、缴费方式与水平、记账方式和计发办法、雇员与雇主双方的权利和义务等，而对基金投资管理则只进行了原则性的描述，对投资主体、比例、渠道、工具、监督、风险控制等没有明确规定。2000 年国务院颁发的《完善城镇社会保障体系试点方案的通知》虽然进一步规定"实行市场化运营和管理"，但对投资营运的方式、基金管理和资产配置等也没有任何强制性的规定与细则。

2. 企业年金试点阶段（2000～2004 年）

以国务院"42 号"文件的颁布为标志，我国企业年金进入发展完善的试点阶段。2000 年底，国务院在《关于完善城镇社会保障体系的试点方案》（国发〔2000〕42 号）中，将企业补充养老保险正式更名为"企业年金"，并指出："有条件的企业可为职工建立企业年金，并实行市场化运营和管理。企业年金实行基金完全积累，采用个人账户进行管理，费用由企业和职工个人缴纳，企业缴费在工资总额 4% 以内的部分，可从成本中列支。"将我国的企业年金定位为实行以参保人个人账户为基本形式，基金积累制的缴费确定型企业年金制度。

企业年金试点阶段提出了企业年金概念并规定其实行市场化管理，但没有明确具体的投资制度，各地的企业年金投资管理制度不统一，有的是由地方社会保险经办机构管理，称为"经办模式"。有的是由行业经办机构或者企业自己管理，称为"自办模式"。还有的是通过商业保险公司的团险管理，称为"团险模式"。在企业年金投资方面，到 2004 年之前，企业年金投资缺乏统一的投资规则。

3. 企业年金规范发展阶段（2004～2006 年）

（1）两个《试行办法》明确和拓展了中国企业年金制度框架（2004～

2006 年）。2004 年初，劳动保障部颁布了《企业年金试行办法》和《企业年金基金管理试行办法》。两个《试行办法》确立了中国企业年金的基本制度框架，对中国企业年金制度以及企业年金基金管理和投资做出了明确的规定，是对 2000 年国务院《关于完善城镇社会保障体系的试点方案》中制定的企业年金基本制度框架的进一步明确和拓展。

《企业年金试行办法》规定了中国企业年金建立的前提条件（包括参加基本养老保险、具有缴费负担能力和集体协商制度）和程序、企业年金方案的内容、企业和个人共同负担原则、筹资制度和缴费限额、账户资金的领取和转移以及继承、信托管理制度、行政主管部门等。《企业年金基金管理试行办法》具体规定了中国企业年金基金信托管理的总体原则和要求，对受托人、账户管理人、投资管理人和托管人的资格条件、职责和相互关系做出了明确规定，确定了企业年金基金投资范围和比例，对基金管理费用加以限制。

两个《试行办法》于 2004 年 5 月 1 日正式颁布并实施，原劳动部 1995 年发布的《关于建立企业补充养老保险制度的意见》（简称旧意见）同时废止。新旧意见都规定企业建立企业年金（补充养老保险）的条件是在参加基本养老保险的基础上，并具备一定经济能力和民主机制。但新办法的规定突出了企业和职工双方的缴费责任，参加企业年金计划的条件、账户便携性、信托管理制度，更有利于促进企业年金第二支柱的制度发展和基金安全，是一个巨大的制度进步。

2004 年两个《试行办法》出台的几个月，劳动保障部连续颁布了一系列配套政策和实施办法（见表 2-1）。两个《试行办法》出台之后，劳动保障部发布了《关于贯彻〈企业年金试行办法〉、〈企业年金基金管理试行办法〉的通知》，积极推进企业年金方案和企业年金基金管理运营的规范化和市场化。2004 年 11 月，劳动保障部和证监会联合发布《关于企业年金基金证券投资有关问题的通知》和《企业年金基金证券投资登记结算业务指南》，首次对企业年金基金证券投资的开户、清算模式、备付金账户管理等有关问题进行了具体规定，为企业年金入市奠定了重要的制度基础。2004 年底和 2005 年初，劳动保障部相继出台了《企业年金基金管理运作流程》、《企业年金账户管理信息系统试行标准》、《企业年金管理运营机构资格认定暂行办法》、《企业年金基金管理机构资格认定专家评审规则》等文件，从而形成以开户流程、运作流程、受托人规定等细则为补充的企业年金整体运作框架。两个《试行办法》和一系列配套措施奠定了中国当前企业年金制度的政策法规框架和具体实施规则，标志着中国开始全面推行企业年金制度。

2005 年 8 月，国资委下发了《关于中央企业试行企业年金制度的指导意见》，对中央企业（以下简称央企）试行企业年金制度的原则、条件、方案设计、基金管理以及组织管理等提出了指导意见。

2006 年 3 月 29 日，财政部还根据两个《试行办法》，下发了《财政部关于国有金融企业试行企业年金制度有关问题的通知》，以便指导和规范国有独资及国有控股金融企业试行企业年金制度，规范国有金融企业出资人、企业和职工之间的利益分配关系，建立有利于国有资本保值增值的激励约束机制。

表 2-1　2004~2006 年企业年金政策法规及相关配套措施一览表

颁布时间	施行时间	名　称	发文号
2004.01.06	2004.05.01	企业年金试行条例	劳社部发 [2004] 20 号
2004.02.23	2004.05.01	企业年金基金管理试行办法	劳社部发 [2004] 23 号
2004.04.15	2004.04.15	关于贯彻《企业年金试行办法》、《企业年金基金管理试行办法》的通知	劳社部函 [2004] 72 号
2004.09.29	2004.09.29	关于企业年金基金证券投资有关问题的通知	劳社部发 [2004] 25 号
2004.12.31	2005.03.01	企业年金基金管理机构资格认定暂行办法	劳社部发 [2004] 24 号
2004.12.31	2004.12.31	关于印发《企业年金基金管理运作流程》、《企业年金基金账户管理信息系统规范》和《企业年金基金管理机构资格认定专家评审规则》的通知	劳社部发 [2004] 32 号
2005.08.08	2005.08.08	关于中央企业试行企业年金制度的指导意见	国资发分配 [2005] 135 号
2005.12.19	2005.12.19	关于企业年金方案和基金管理合同备案有关问题的通知	劳社部发 [2005] 35 号
2006.11.01	2006.11.01	关于企业年金基金银行账户管理等有关问题的通知	劳社部发 [2006] 40 号
2006.02.15	2007.01.01	企业会计准则第 9 号——职工薪酬	财会 [2006] 3 号
2006.02.15	2007.01.01	企业会计准则第 10 号——企业年金基金	财政部
2006.03.29	2006.03.29	财政部关于国有金融企业试行企业年金制度有关问题的通知	财金 [2006] 18 号

（2）企业年金管理运营市场化、规范化步伐加快（2007年以来）。2006年7月，"上海社保案"爆发以后，34.5亿元社保基金被违规挪用，其中绝大部分是企业年金。该案件的发生在客观上起到了推动企业年金管理市场化的作用，它促使政府坚定决心，退出企业年金管理，让其按照市场约束机制运行。为了进一步规范企业年金管理，2007年4月24日劳动保障部颁布了《关于做好原有企业年金移交工作的意见》（劳社部发〔2007〕12号），明确规定"由社会保险经办机构、原行业管理的以及企业自行管理的原有企业年金均应移交给具备资格的机构管理运营"，该意见对企业年金移交做出了具体的工作部署。《关于进一步加强社会保险基金管理监督工作的通知》和《关于做好原有企业年金移交工作的意见》等一系列法规的颁布，标志着中国企业年金制度开始进入规范化的市场化管理运营。

新修订的《企业年金基金管理办法》已经于2011年1月11日人力资源和社会保障部第58次部务会审议通过，中国银行业监督管理委员会、中国证券监督管理委员会、中国保险监督管理委员会审议通过，自2011年5月1日起施行。劳动和社会保障部、中国银行业监督管理委员会、中国证券监督管理委员会、中国保险监督管理委员会于2004年2月23日发布的《企业年金基金管理试行办法》（劳动和社会保障部令第23号）同时废止。《企业年金基金管理办法》必然成为企业年金规范发展的新的里程碑（见表2-2）。

表2-2　2007年以来企业年金政策法规及相关配套措施一览表

颁布时间	施行时间	名　称	发文号
2007.01.31	2007.01.31	关于企业年金基金进入全国银行间债券市场有关事项的通知	银发〔2007〕56号
2007.03.26	2007.03.26	企业年金基金债券账户开销户细则	中债字〔2007〕22号
2007.09.12	2007.09.12	关于中央企业试行企业年金制度有关问题的通知	国资发分配〔2007〕152号
2007.09.20	2008.01.01	保险公司养老保险业务管理办法	中国保险监督管理委员会令〔2007〕4号
2007.09.26	2007.09.26	关于养老保险公司经营企业年金业务有关问题的通知	保监发〔2007〕101号
2008.07.23	2008.07.23	关于延续企业年金基金管理机构资格的通告	人力资源和社会保障部第1号

续表

颁布时间	施行时间	名　称	发文号
2009.03.08	2009.03.08	关于规范企业年金基金管理服务有关问题的通知	人社厅发〔2009〕35号
2009.06.02	2009.06.02	关于补充养老保险费、补充医疗保险费有关企业所得税政策问题的通知	财政部、国家税务总局
2009.11.26	2010.01.01	关于企业年金基金管理信息报告有关问题的通知	人社部发〔2009〕154号
2009.12.10	2009.12.10	关于企业年金个人所得税征收管理有关问题的通知	国税函〔2009〕694号
2010.12.24	2010.12.24	企业年金基金监督管理办法（修订草案）	人力资源社会保障部
2011.01.11	2011.05.01	企业年金基金管理办法	人力资源和社会保障部令第11号
2011.01.30	2011.01.30	关于企业年金个人所得税有关问题补充规定的公告	国家税务总局公告2011年第9号
2011.05.20	2011.05.20	关于企业年金集合计划试点有关问题的通知	人社部发〔2011〕58号
2011.12.28	2011.12.28	关于规范企业应付工资结余用于企业年金缴费财务管理的通知	财政部
2012.03.15	2012.03.15	关于印发企业年金计划管理合同指引的通知	人社部函〔2012〕92号
2012.12.06	2012.12.06	关于印发《国有金融企业年金管理办法》的通知	财金〔2012〕159号
2013.03.19	2013.03.19	关于扩大企业年金基金投资范围的通知	人社部发〔2013〕23号
2013.03.19	2013.03.19	关于企业年金养老金产品有关问题的通知	人社部发〔2013〕24号
2013.04.07	2013.04.07	关于贯彻实施《企业年金基金数据交换规范》的通知	人社厅发〔2013〕32号
2013.07.15	2013.07.15	关于鼓励社会团体、基金会和民办非企业单位建立企业年金有关问题的通知	人社部发〔2013〕51号
2013.08.14	2013.08.14	关于年金管理机构资格延续有关问题的通知	人社厅发〔2013〕87号
2013.09.16	2013.09.16	关于企业年金基金管理资格整合的通告	人社部函〔2013〕192号

续表

颁布时间	施行时间	名　称	发文号
2013.11.07	2013.11.07	关于延续及整合企业年金基金管理机构资格的通告	人社部函〔2013〕222号
2014.03.13	2014.03.13	关于印发扩大企业年金基金投资范围和企业年金养老金产品有关问题政策释义的通知	人社厅发〔2014〕35号
2014.05.16	2014.05.16	关于进一步做好企业年金方案备案工作的意见	人力资源社会保障部办公厅
2014.06.13	2014.06.13	关于第一批企业年金基金管理机构资格延续有关问题的通知	人社厅函〔2014〕193号
2014.08.01	2014.08.01	关于企业年金基金管理机构资格延续的通告	人社部函〔2014〕135号

此外，市场上企业年金基金管理机构和中小企业对集合年金计划的强烈需求面前，劳动保障部于2011年5月下发了《关于企业年金基金集合管理计划试点有关问题的通知》，以便为集合年金计划制定具体实施办法，促进中小企业参与企业年金的积极性，扩大企业年金覆盖面。

(二) 中国企业年金的发展现状

从2000年辽宁试点方案提出"企业年金"制度概念之后，尤其是2004年确立了企业年金制度之后，中国企业年金开始加快发展。从需求结构上分析，年金市场的发展还很不平衡，全国建立年金计划的企业在规模大小、所有制结构、行业分布、地域分布等方面表现出非常明显的分化特征。从整体上看，中国企业年金目前尚处于起步阶段，与国外发达市场有较大差距。从发展前景看，中国年金市场有着巨大的潜在需求和提升空间。

1. 我国企业年金资金总体规模情况

从总体发展规模上看，1991~2000年长达10年的时间内，中国有1.6万多家企业建立企业年金，参加职工560万人，基金积累仅191亿元。而到2006年底，全国建立企业年金的企业已达2.4万多家，参加职工964万人，积累基金910亿元，比2000年增长了376%，年均增长100多亿元。到2013年，企业年金积累规模已达到6034亿元（见表2-3）。

表 2-3　2000 年以来企业年金增长情况

年份	2000	……	2007	2008	2009	2010	2011	2012	2013
参加职工数（万人）	560.33	……	929	1038	1179	1334	1577	1847	2056
参加企业数（万家）	1.62	……	3.2	3.3	3.35	3.7	4.4	5.4	6.6
基金积累情况（亿元）	192	……	1519	1911	2533	2809	3570	4821	6034

资料来源：根据《劳动和社会保障事业发展统计公报》、《人力资源和社会保障事业发展统计公报》等有关资料整理。

2. 我国不同类型企业的企业年金发展特征和需求

中国企业年金发展初期阶段的历史主要是行业年金的历史，也就是大型国有企业的年金历史。随着中国经济改革开放的日益深化和市场主体的多元化，企业年金发展也逐渐呈现多元化特征，除了国企之外，外资、民营以及中小企业开始登上企业年金舞台①。

（1）大型国企引领年金市场。从中国目前企业年金市场结构来看，90%以上的企业年金基金都来自大型国有企业。从这些大型国有企业分布情况来看，沿海经济发达地区的企业数量多于内陆地区；从行业看，电力、电信、石油等垄断行业建立企业年金制度的大型国有企业数量明显多于其他行业。

随着越来越多的大型国有企业相继建立企业年金制度，那些没有建立企业年金制度的大型国有企业，与已经建立企业年金的同行业和同地域的大型国有企业相比，在吸引人才和薪酬激励上处于劣势，由此势必带动更多的大型国有企业建立企业年金制度。

（2）三资企业潜力不可忽视。目前欧、美、日资和韩资企业的年金参与意愿较强，而东南亚地区的三资企业年金意愿相对较弱。建立企业年金制度比较积极主要是因为企业年金是这些国家通行的员工福利安排，建立企业年金制度是为了能更好地与母公司的福利体系接轨，并且将企业年金计划与企业的经营战略、人力资源发展战略以及员工个人的职业生涯设计结合起来，成为吸引员工、激励员工、提高竞争力的重要手段。

---

① 何伟：《年金市场源头渐热，中小企业最需加油》，《证券时报》2007 年 1 月 31 日。

（3）民营企业兴趣渐浓。在《企业年金试行办法》和《企业年金基金管理试行办法》实施以前，极少有民营企业建立补充养老保险（企业年金）制度。2006年以来大型民营企业建立企业年金计划的意愿在逐渐增强。随着大型国有企业和一些较有竞争力的大型民营企业相继建立企业年金制度，将会引发更多大型民营企业的年金参与兴趣。

（4）中小企业将成为未来企业年金市场上的重要力量。与大型企业轰轰烈烈地开展企业年金工作相比，中小企业就显得比较冷清。在中国，中小企业创造了 GDP 的 55%、出口总额的 60%、税收的 45% 和 75% 的就业机会，但是从中国目前企业年金市场结构来看，中小企业建立的企业年金基金占中国企业年金基金总额还不到 1%。随着便利中小企业的集合企业年金制度出台，中国企业年金市场上最大的潜在主体——中小企业也会走向前台，并将成为未来中国企业年金市场上的重要力量。

3. 地方企业年金发展的特征和需求

中国经济发展呈现出明显的二元经济结构特征，东部、西部、中部不同地区之间经济发展水平存在着很大差距，即使在同一地区或同一省份内部，发展差距也是很明显的。这种地区发展水平的差异性是造成企业年金地区发展不平衡性的根本原因。从地区分布看，中国发达地区的企业年金发展快于落后地区，沿海明显快于内地，东部省份优于中西部地区。

二、中国企业年金发展的现实意义

除了完善养老保障体系外，企业年金还具有重大的经济社会价值。如有助于促进中国劳动力市场发育、提高企业竞争力、推动金融深化，并促进社会长期投资。这些外部效应将促进企业年金和经济社会良性互动发展。

（一）推进劳动力市场发育

对市场化程度不高的发展中国家和社会经济处于转型阶段的国家而言，企业年金推进劳动力市场发育的作用非常明显。从对我国市场发育程度、市场化水平等指标进行考察的结果来看，资本和劳动力自由流动的市场发育进程是非常缓慢和相对滞后的。因此，让资本和劳动力流动起来，是发展市场经济的重大课题之一。实证分析表明：相对于国有企业的职工而言，以私营企业、民营企业、外资企业、合资企业等为代表的非国有企业职工平均年龄要小得多，平均转换工作的时间要短得多，平均转换工作的次数要多得多，平均转换工作的机会和成功的概率要大得多。由于个人账户受益权具有可携带性和可转换性，采取个人账户管理方式的企业年金制度的建立和发展，将有利于促进劳动力合理流动，实现劳动力资源合理配置。

（二）推动薪酬制度和公司治理完善，提高企业凝聚力和竞争力

中国自 2001 年 11 月正式加入 WTO 后，大量涌入的外资和外资企业导致企业间竞争更趋激烈。企业年金制度的建立和企业年金市场的发育，是对中国传统的企业福利制度的根本性改革，是一种新型的企业薪酬福利制度安排，它与企业年薪制、雇员持股计划、期权计划等企业薪酬福利制度一起构成一个完整的体系，对于完善初次分配形式、建立现代企业制度意义重大。发展企业年金将促进中国企业激励机制、收入分配制度和公司治理结构等微观机制趋于完善，提高企业竞争力，有利于国内企业积极参与国际竞争。

（三）推动金融深化

企业年金的建立与发展预示着中国的货币市场、资本市场和保险市场将迎来一次新的发展契机。其一，在我国当前金融管理法律框架下，通过企业年金基金管理服务机构集团化和养老金管理公司的发展，我国金融业将实现从分业经营格局走向混业经营。其二，不同类型企业年金计划所形成的具有不同风险和收益特征的金融产品，必将推动我国金融体系逐步完善和金融市场迅猛发展。其三，企业年金基金投资建立在证券市场比较完善和成熟，监管体系比较完备，投资工具比较丰富，市场信息披露比较规范的基础之上，企业年金基金投资将促进金融市场向更加规范的方向发展。其四，企业年金基金运营管理要求一个"公开、公正、公平"的市场环境，企业年金的发展将促进中介机构市场化的进程，完善社会中介服务行业的自律管理机制，提高执业队伍整体素质和整个行业的组织化程度。

（四）促进社会长期投资

通过发展企业年金来替代和分离出居民银行存款用于养老的长期储蓄资产，可以达到有效、成功分流银行长期储蓄资产的目的。而且由于企业年金基金资产管理的专业化、基金化、信托化特点，完全可以通过众多的、合格的机构投资者来发展资本市场。这样，长期储蓄资产与长期投资进行匹配，提高了

金融资源的配置效率。

第二节　中国企业年金的制度特征与税收优惠

一、中国企业年金的制度特征

2004 年劳动保障部颁布 "20 号" 和 "23 号" 两个部令以来，企业年金基金管理逐步规范，制度建设取得明显进展[①]，中国企业年金制度框架基本确立。《企业年金基金管理办法》进一步强化了我国企业年金制度的基本框架：把企业年金计划管理纳入了企业年金基金管理的范畴，充实了理事会受托人的规范，细化了企业年金基金的信息披露和监管要求，优化了企业年金基金投资比例，完善了企业年金的治理结构，把企业年金计划管理、受托管理、账户管理、托管管理、投资管理、信息披露、权益归属、监督管理整体规范到了企业年金基金管理的架构之下。

（一）我国企业年金制度总体特征

（1）企业年金采取个人账户的完全积累方式，由企业和职工个人共同缴费，归属个人账户所有。

（2）信托制的基金管理模式，控制基金运营风险，强化企业年金基金资产的独立性，明确界定受托人的法律责任，最大限度地体现和维护受益人的根本利益。

（3）分权制衡的基金管理结构，由受托人负责企业年金基金的受托职责，由账户管理人、托管人和投资管理人各司其职、各负其责、相互制约，成为构建基金安全的有力制度保证。

（4）引入基金托管制度，保证企业年金基金财产和各方管理人自有财产相分离，明确规定托管人和投资管理人不得为同一人，不得相互出资或相互持有股份，有效地保证了托管人对投资管理人的监督职能。

---

① 郑秉文：《论企业年金当前的任务和改革方向》，《保险与社会保障》2007 年第 2 期。

（5）由社会保险经办机构、原行业管理的以及企业自行管理的原有企业年金，均应移交给具备资格的机构管理运营。原有企业年金主要包括基金资产、负债、账户记录、相关财务及业务档案资料等。

（6）人力资源和社会保障部会同中国银监会、中国证监会、中国保监会等政府部门协同监管企业年金。企业年金基金管理机构实行市场准入，主管部门组织对企业年金基金管理机构实行资格评审，限定只能由有企业年金基金管理机构资格的机构开展企业年金基金管理业务。受托人、账户管理人、托管人、投资管理人在开展企业年金基金管理相关业务时，应当建立真实充分、持续动态的信息披露制度，按照规定向有关监管部门报告企业年金基金管理情况，向委托人或受托人提交基金管理报告。监管部门逐步建立对企业年金基金管理机构的日常监管、持续监管的制度。

（二）个人账户，完全积累

养老金管理制度分为现收现付制和个人账户制。现收现付制，即 Pay-as-you-go 制度，实行公共账户制度，由公共账户进行统一分配调剂，养老金当代人缴费，支付上代人的养老金。个人账户制，是一种积累性的基金管理制度，养老金缴费进入个人账户，属于个人所有。

建立待遇确定型企业年金计划的企业，通常根据员工退休时的工资水平和工作年限确定其养老金支付额，再根据对所有员工未来养老金支付额的预测，来确定各年的筹资额。待遇确定型企业年金计划，为企业内参加计划的所有员工设立一个统一账户，员工企业年金基金的缴费和基金的投资运作风险，都由雇主承担。待遇确定型企业年金计划，通常按联合生命年金的方式支付，即养老金通常支付到退休员工及其配偶死亡为止。

建立缴费确定型企业年金计划的企业，为参加计划的职工设立个人账户，企业和员工的缴费均存入员工个人账户，养老金根据员工退休时个人账户的积累额发放。员工退休时可以一次性支取，也可以分期支取，直至个人账户余额为零。缴费确定型企业年金计划，需要员工自己承担个人账户的投资风险，而企业只负责为员工个人账户缴款。

中国企业年金制度实行的是个人账户、DC 型完全积累制。企业年金是参加基本养老保险之外自愿建立的一种补充性养老保险，是在雇主与雇员之间"集体协商和达成共识"的前提下才能设立的一个私人养老金制度。企业缴费应当按照企业年金方案规定比例计算的数额计入职工企业年金个人账户；职工个人缴费额计入本人企业年金个人账户。企业年金基金投资运营收益，按净收益率计入企业年金个人账户。职工在达到国家规定的退休年龄时，可以从本人企业年金个人账户中一次或定期领取企业年金。职工未达到国家规定的退休年龄的，不得从个人账户中提前提取资金。出境定居人员的企业年金个人账户资金，可根据本人要求一次性支付给本人。

（三）信托制的基金管理模式

养老金的市场化运营模式有信托型和契约型两种。信托型是按照信托原理建立的基金委托受托管理。契约型是按照契约合同原理建立的资产负债管理。

虽然中国从 1991 年就开始鼓励企业年金的发展，但对中国企业年金制度法律地位一直模糊，基金管理不规范，影响基金的安全。其中最重要的因素是企业年金基金的财产性质、法律地位不明确，企业年金基金财产的独立性、安全性不能得到有效保护，企业年金各方当事人的合法权益尤其是企业年金基金受益人的合法权益不能得到有效保护。

中国企业年金系列法规建立之后，确立了信托型的企业年金基金管理模式。中国企业年金基金不能由企业或职工自己管理，必须交由符合资格的企业年金基金受托人管理。企业和职工作为委托人将企业年金基金财产委托给受托人管理运作，是一种信托行为，这确立了企业年金基金是独立信托财产的法律地位。企业年金基金资产必须与受托人、账户管理人、投资管理人和托管人的自有资产或其他资产分开管理，不得挪作其他用途。企业年金基金实行专户管理，独立于委托人、受托人及其他管理人的固有财产或其他管理财产；在委托人或受托人及其他管理人被依法解散、撤销或宣告破产时，企业年金基金不得作为他们的清算财产，不能用于抵偿其债务或被非法强制执行；不同企业的企业年金基金相互独立，各自的债权债务不得相互抵消。这种规定把企业年金基金与雇主经营风险和管理机构的风险隔离起来，使其在长达几十年的运作时间内，得到安全性保证。

中国企业年金制度是一个以受托人为中心的信托模式，其中包含了多层和复杂的委托—代理关系。企业年金委托人与受托人之间表现为信托关系，首先是企业年金委托人（企业和职工）将其资产交给受托人管理，形成信托关系；其次是受托人与投资管理人，托管人以及账户管理人之间的委托—代理关系。企业年金运用的信托模式，通过 4 个资格人之间的互相监督，最大限度地保证企业年金基金的安全。

　　设立企业年金的企业及其职工作为委托人，要为企业年金基金确定受托人，受托人可以是企业年金理事会或法人受托机构（受托人），委托人应与受托人签订书面的信托合同。信托合同明确双方的权利与义务，确定企业年金理事会和法人受托机构基本职责、法律责任和义务。

　　当受托人将账户管理、托管式投资管理业务委托给其他法人机构时，须与它们分别签订书面合同，这是一种委托—代理合同。受托人是委托人，账户管理人、托管人和投资管理人是代理人，他们之间是委托—代理关系。账户管理人、托管人、投资管理人不是以自己的名义，而是以受托人的名义管理处分企业年金基金财产，这与委托人与受托人之间的信托关系不同。受托人对企业年金基金财产负有全责，账户管理人、托管人、投资管理人仅对委托合同中确定的义务和责任负责。

　　企业和职工（委托人）与企业年金理事会或法人受托机构（受托人）签订的信托合同，企业年金理事会或法人受托机构（受托人）与账户管理人、托管人、投资管理人（代理人）之间签订的委托—代理合同，都必须采取书面形式，并向劳动保障行政部门备案（见图2-1）。

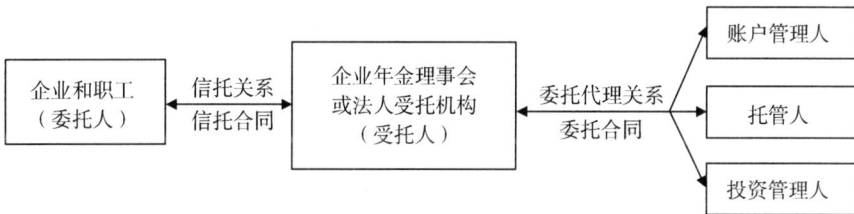

图 2-1　中国企业年金信托管理制度中的信托关系和委托—代理关系

资料来源：孙建勇：《企业年金管理指引》，中国财政经济出版社 2004 年版。

（四）分权制衡的基金治理结构

　　企业年金治理是企业年金计划运行的保障，是企业年金基金安全的基石。从广义上说，企业年金治理可以看作一系列制度安排，包括用于保护计划参与者和受益人利益的法律和监管框架。一个完善的治理体系将给予管理企业年金基金的当事人有效的激励，确保其代表计划参与者和受益人的最大化利益。

　　新的企业年金管理框架包括六个主体和两层法律关系。六个主体为：委托人、受托人、受益人、账户管理机构、投资运营机构和基金托管机构；两层法律关系为信托关系和委托—代理关系。

新的企业年金治理结构主要包含三方面内容：一是受益人保护和权利限制制度；二是受托人责任主体制度；三是不同管理服务机构相互制衡的制度。

企业年金基金财产所有权属于企业年金计划参与人及其受益人，与企业财产、运营机构财产分离；"运营以受托人为核心"即受托人在企业年金运营环节当中，一方面连接委托人、受益人，另一方面连接托管人、账户管理人、投资管理人，受托人处于企业年金运营管理的中心，协调运营机构，为企业和职工利益服务；"企业年金运营角色分离"的原则，即账户管理人、投资人和托管人分开，分别由不同的专业机构进行管理。受托人对企业年金基金财产负有全责，账户管理人、托管人、投资管理人仅对委托合同中确立的义务和责任负责。建立企业年金的企业，应当确定企业年金受托人，受托管理企业年金；受托人可以委托具有资格的企业年金账户管理机构作为账户管理人，负责管理企业年金账户；可以委托具有资格的投资运营机构作为投资管理人，负责企业年金基金的投资运营。受托人应当选择具有资格的商业银行或专业托管机构作为托管人，负责托管企业年金基金。

账户管理人、托管人、投资管理人分别履行自己的职责，相互制约，相互监督，可以有效化解风险，使企业年金在新的机制和专业管理中安全增值。账户管理人、基金托管人和投资管理人在行政、财务上相对独立，账户管理人和投资管理人只下指令，不直接运用资金，托管人依据指令办理交割手续，但无权调动和使用资金。

根据这样的约束，受托人可以委托相关金融机构管理基金个人账户，托管基金财产或负责基金投资管理。账户管理人、托管人和投资管理人之间存在着一种制衡关系——账户管理人主要负责核对缴款汇总数据，接触不到基金财产；托管人主要负责保管基金财产，监督投资管理人的投资行为，没有基金财产支配权；投资管理人主要负责基金投资，具有保值增值职责，但没有基金使用的支配权，也接触不到基金财产。通俗地讲，新的企业年金治理结构，设置了"管钱的不摸钱，摸钱的不管钱"的制约机制，将有效地保障企业年金基金的安全。

（五）基金托管制度

中国企业年金基金实行独立托管制度，为企业年金基金安全增加了一道"防火墙"，这是符合 OECD《企业年金治理准则》要求的。托管人负责安全保管企业年金资产,确保其"物质形态安全性"和"法律意义上的安全性",托管人的资产与企业年金资产在法律上必须完全分离。托管人还负有对企业年金投资管理的合规性进行监督的重大责任,包括监督投资管理人是否从事了禁止投资或限制投资的活动、是否合法合规管理基金资产并确保资产安全完整等。在发现违规行为时,托管人有"举报"义务。《企业年金基金管理办法》规定,托管人发现投资管理人的投资指令违反法律、行政法规、其他有关规定或合同约定的,应当拒绝执行,立即通知投资管理人,并及时向受托人和有关监管部门报告。

在中国现阶段的国情下,托管人的独立监督作用更加重要。在理事会受托管理模式下,为了避免内部人控制对基金安全的威胁,托管人对基金调拨和投资监督是一个非常关键的环节。在法人受托模式下,由于法人受托机构往往还兼有投资管理人或账户管理人资格,为承揽业务,存在着利益输送和内部价格转移的可能性问题。因此,如何保管和监督年金基金安全、合规管理,不因为外部因素导致年金计划信托利益受到侵蚀,托管人的监督作用就显得更加重要。

为了使托管人不受利益冲突影响,切实发挥对投资管理人的监督作用,《企业年金基金管理办法》规定,同一企业年金计划中,受托人与托管人、托管人与投资管理人不得为同一人;建立企业年金计划的企业成立企业年金理事会作为受托人的,该企业与托管人不得为同一人;受托人与托管人、托管人与投资管理人、投资管理人与其他投资管理人的总经理和企业年金从业人员,不得相互兼任。

(六) 市场化运营

中国以前的企业年金基金管理业务,由企业自行经办或者监管部门附属的各类企业年金经办机构经办。监管部门附属机构经办企业年金往往政企不分,效率低下。对于企业年金运营,缺失社会监督。用行政的办法代替市场的办法,企业年金基金的保值增值没有充分的保障。企业自行经办的,其缴费征集、会计核算、个人账户的登记、基金账务管理等业务工作基本上依附于企业的劳资、财务等职能科室,汇集的基金由企业直接投资,有的甚至将基金用于企业生产资金投资营运。企业年金经办机构无论在账户管理、投资管理上还是在基金资产的保管上,基本上采用的都是自我管理模式,并且只接受来自政府监管机构的单一监管。经验表明,由企业自己管理和运作不利于降低管理成本，也影响基金安全和投资效益，不利于基金保值增值。

企业年金法规确立了中国企业年金的市场化方向。政府机构退出企业年金基金市场运营，交由具有企业年金基金管理机构资格的金融机构进行市场化运营管理。不同的金融机构，经过监管部门的评审，分别取得企业年金基金受托人、账户管理人、托管人、投资管理人的资格，承担不同的企业年金基金市场运营管理职责。受托人履行下列职责：选择、监督、更换账户管理人、托管人、投资管理人以及中介服务机构；制定企业年金基金投资策略；编制企业年金基金管理和财务会计报告；根据合同对企业年金基金管理进行监督；根据合同收取企业和职工缴费，并向受益人支付企业年金待遇；接受委托人、受益人查询，定期向委托人、受益人和有关监管部门提供企业年金基金管理报告。发生重大事件时，及时向委托人、受益人和有关监管部门报告；按照国家规定保存与企业年金基金管理有关的记录至少 15 年；国家规定和合同约定的其他职责。账户管理人负责建立和维护企业年金账户，记录企业年金缴费和投资收益，与托管人核对账款、提供账户查询服务；托管人负责安全保管企业年金基金财产，为每个企业年金基金开立相应的资金账户和证券账户，按受托人指令向投资管理人分配年金财产，按投资管理人的指令履行清算交割事宜，并监督投资管理人的投资运作是否合规；投资管理人的职责是对企业年金基金财产进行分散化投资，及时与托管人核对企业年金基金会计核算和估值结果，并建立企业年金基金投资管理风险准备金。

（七）税收优惠，政府监管

由于中国老龄化的挑战、现收现付养老金制度的不可持续性、中国因为计划生育带来的特殊的家庭人口结构、中国属于发展中国家"未富先老"的养老负担特征、多支柱养老金体系的世界发展趋势，中国政府在企业养老金方面面临巨大的挑战，养老金负担成为社会问题。单纯依靠政府兜底负完全责任的企业养老金体制使政府承担不可承受的负担，政府只能在社会养老金责任当中承担有限责任，必须由政府、企业、个人分担养老金责任，才能有效面对养老金的挑战。在政府退出企业养老金完全责任的背景下，政府对企业年金采取税收优惠，既可以减轻政府负担，也可以提高企业和职工参与企业年金计划的积极性，促进企业年金行业的发展。借鉴世界各国企业年金的发展经验，企业年金的税收优惠，成为企业年金发展的原动力。中国政府监管部门对企业年金采取了税收优惠政策，企业年金计划当中企业缴费按照一定的比例进入企业成本，在企业税前列支。同时，中国有关监管部门还在研究扩大企业缴费的税收优惠比例，并明确个人缴费的税收优惠措施。

企业年金是计划成员的"养命钱"，安全性至关重要；企业年金运作的长期性、复杂性决定了它需要保持较高的透明度，接受各方面的监督，包括来自监管部门、计划成员和社会各界的监督。

为了保证企业年金基金得到安全高效的管理和优质服务，我国对企业年金基金管理机构不仅加以资格条件限制，还实行严格的市场准入制度，通过资格认证遴选出合格的管理机构。企业年金基金管理机构，无论是法人受托机构还是账户管理人、托管人和投资管理人等，必须符合《企业年金基金管理办法》规定的资格条件，并且按照规定程序，向劳动保障部门提出书面申请，劳动保障部门负责企业年金基金管理机构的资格认定，批准其申请的企业年金基金管理资格。为了能够履行企业年金基金受托管理职责，保证基金财产安全和受益人利益，企业年金基金管理机构应具有符合要求的资本金、财务条件、治理结构、专业人才、营业场所，安全防范设施和相关管理业务所必需的设施；还必须具有完善的内部稽核监控制度和风险控制制度，以便能够识别、计量、监测和控制风险。受托人、账户管理人、托管人、投资管理人和其他为企业年金基金管理提供服务的自然人、法人或其他组织必须恪尽职守、履行诚实、信用、谨慎、勤勉的义务。

企业年金管理机构负有的报告和披露义务：受托人必须接受委托人、受益人查询，定期向委托人、受益人和有关监管部门提供企业年金基金管理报告；发生重大事件时，受托人应及时向委托人、受益人和有关监管部门报告；账户管理人、托管人和投资管理人应当按照规定向受托人和有关监管部门报告企业年金基金管理情况，并对所报告内容的真实性、完整性负责。定期的信息披露制度和重大事件报告制度，可以使整个年金计划更加透明，使企业年金受益人以及监管部门可以更好地对各个资格人进行监督。账户管理人、托管人和投资管理人都有义务向受托人和有关监管部门提交相关的管理报告，并保管有关档案资料至少15年。为了防止企业年金基金管理机构玩忽职守，损害计划成员利益，受托人或其他管理人如果违反合同，利用企业年金基金财产为自己或他人谋取不正当利益，不能再承担管理职责。企业年金基金管理机构在依法解散、被依法撤销、被依法宣告破产、被依法接管的，或者被依法取消企业年金基金管理业务资格等情况下，其管理职责随之终止。委托人、受托人或有关监管部门如果认为更换管理人符合受益人利益，也可以终止年金管理机构的职责。

二、中国企业年金的税收优惠

税收优惠，即一国政府为了实现某些特定的社会和经济目标，通过减少纳税人的纳税义务，把原本属于国家财政的收入无偿地让渡给某些人或某些行为。税收优惠政策能为企业年金发展提供强大动力。

企业年金的税收优惠主要是企业所得税和个人所得税，相关的税收优惠主要在缴费、积累、领取三个环节展开，其中缴费阶段主要涉及企业所得税和个人所得税，积累阶段和领取阶段主要涉及个人所得税。对三个涉税环节实行不同的税收政策，可以组合成不同的年金税收优惠模式。以 E 代表免税，T 代表征税，综合表示三个环节的课税情况，按照税收变动额进行从高到低排序有八种企业年金税收模式：TTT、TET、ETT、TTE、EET、TEE、ETE 和 EEE。

（一）我国企业年金税收优惠政策现状

2014 年 1 月 1 日以前，我国企业年金税收优惠政策规定企业年金缴费和领取环节都对个人缴费征税，既有重复征税之弊，又有税负过重之嫌。企业年金税收优惠不足，既打击企业建立企业年金的积极性，也束缚企业年金管理机构拓展企业年金市场，更制约了国家应对老龄化挑战、完善养老金体系的制度目标的实现。

为促进我国养老保险体系的稳定快速发展，财政部、人力资源社会保障部、国家税务总局于 2013 年 12 月 6 日联合发布《关于企业年金、职业年金个人所得税有关问题的通知》，规定自 2014 年 1 月 1 日起，企业年金个人所得税递延纳税优惠政策（EET 模式）开始正式实施。

所谓递延纳税，是指在年金缴费环节和年金基金投资收益环节暂不征收个人所得税，将纳税义务递延到个人实际领取年金的环节。此次出台的企业年金政策的主要内容包括：在年金缴费环节，对单位根据国家有关政策规定为职工支付的企业年金或职业年金缴费，在计入个人账户时，个人暂不缴纳个人所得税；个人根据国家有关政策规定缴付的年金个人缴费部分，在不超过本人缴费工资计税基数的 4% 标准内的部分，暂从个人当期的应纳税所得额中扣除；在年金基金投资环节，企业年金基金投资运营收益分配计入个人账户时，暂不征收个人所得税；在年金领取环节，个人达到国家规定的退休年龄领取的企业年金，按照"工资、薪金所得"项目适用的税率，计征个人所得税。

（二）企业年金税收优惠政策的效应分析

自愿性企业年金的建立主要取决于企业竞争、集体谈判等市场力量。但是，随着国家税收制度的不断完善及监管力度的逐渐加大，税收优惠政策越来越成为企业年金发展的推动力，成为个人和企业合理避税以获得更大经济利益的手段，税收优惠政策必然成为促进企业年金发展的主要动力。

在我国，企业年金税收优惠政策主要表现在两方面：税收减免和延迟纳税。

1. 税收减免的效应分析

减税免税，指税法规定的、各级政府在批准的管理权限内，对某些纳税人或课税对象给予的少征一部分应纳税款，或应纳税款在一定时期全部免征的规定，是国家为实现一定的政治和经济政策，给某些纳税人或课税对象的鼓励或照顾措施。

对企业年金缴费实行税收减免政策，能减少企业的人工成本，减轻企业税收负担，增加企业建立企业年金计划的积极性。税收优惠政策，直接的受益者是企业及其职工，而政府，也将是最终的受益者。

假设：广州某国有企业员工人数为 1000 人，2005 年人均工资 4000 元（年工资总额 1000×4000×12＝4800 万元），税前利润 1000 万元，若该企业实行企业年金制度，按企业年金当中企业缴款的 4% 给予税收优惠，允许其进入当期企业成本。

企业的税收优惠效应：

该企业可将 192 万元（4800 万×4%＝192 万元）的工资费用计入成本，应缴纳的企业所得税从原来的 333.33 万元（1000 万×33%＝333.33 万元）减少至 266.64 万元〔（1000 万－192 万）×33%＝266.64 万元〕，节税 66.69 万元，幅度为 19%。

如果该企业平均为每个员工购买 100 元/月的企业年金，则企业账面需要支出 120 万元/年；减去税收优惠的 66.69 万元，实际只需支出 53.31 万元/年。

如果按"缴一补一"的办法——职工每月交 100 元，企业每月补 100 元的话，同时考虑到企业职工按 10% 的年工资增长率和计费利率测算，职工缴费 10 年后退休，每月就可以领取 350 元；缴费 20 年每月就可以领取 1350 元；缴费 30 年每月就可领取 3950 元。

2. 延迟纳税的效应分析

允许企业与职工从其税前收入中扣除一定比例的年金缴费额列入成本，在领取养老金时征收个人所得税。在税率随着收入水平的增加而提高的情况下，由于人们领取的养老金水平通常会比工作时的工资水平低，因此适应的税率也较低，此时延迟纳税就会给职工带来实际收益，可以通过数学公式来说明这一过程。

以 C 表示存款，i 表示平均利率，t 表示在职收入水平对应的税率，t′表示退休后收入水平对应的税率。如果先缴税后积累，那么 n 年后账上余额为：

$$C(1-t)(1+i)^n$$

如果先积累后缴税，n 年后账上余额则为：

$$C(1+i)^n(1-t')$$

职工通常在缴费期间收入较高，处于较高的征税水平，退休后收入较低，处于较低的征税水平，即 t′<t，这样就有：

$$C(1-t)(1+i)^n<C(1+i)^n(1-t')$$

即在延迟纳税的情况下，先积累后缴税能获得较多的收益。下面举例说明延迟纳税带来的好处。

假设：社会平均投资收益率 i=10%，投资收入税率 t=30%，10000 元投资在积累期间投资收入不缴税，到领取时才课税的情况下，增值额为：

$$[10000(1+10\%)^{20}-10000](1-30\%)=40092.5 （元）$$

在积累期间对投资收入逐年课税的情况下，增值额为：

$$10000[1+10\%(1-30\%)]^{20}-10000=28696.8 （元）$$

延迟纳税比不延迟纳税能多获得：

$$40092.5-28696.8=11395.7 （元）$$

由此可以看出，投资者（企业年金计划成员）在延迟纳税的情况下比没有延迟纳税的情况下，能获得更多的收益。

3. 我国企业年金税收优惠的作用与前瞻

税收优惠是企业年金发展的引擎，通过税收优惠促进企业年金发展也是国际惯例。中国企业年金制度经过了 10 多年的探索，绝大部分省市都已出台了税收优惠政策。企业年金是企业的自主行为，但是，国家政策尤其是税收优惠政策，可以引导、促进企业年金的发展。

企业年金递延纳税政策的实施，可能会降低实际缴纳的个人税负。由于我国目前实行的是个人所得税七级超额累进税率，收入低则应缴纳个人所得税率也低，这样，在缴纳企业年金时不缴税，而在领取时则执行相对较低的税率，其节税效应是非常明显的。

面对中国养老金的空账问题、老龄化的挑战、特殊的人口结构矛盾等，政府有义不容辞的责任。国家对企业年金的税收优惠，实际上是一个杠杆手段：税收优惠，可以带来更大的养老基金积累、减轻国家的老年保障负担。企业年金递延纳税政策的实施，将大大提高企业建立企业年金计划的积极性，随着这一政策的深入实施，企业年金税收优惠政策的益处会渐渐被企业与大众所熟知，这将吸引更多的企业加入到这一行列中来，也将有更多的员工在享受到企业年金的同时，享受年金递延纳税政策所带来的益处，这也将为自己未来的养老提供更为坚实的保障。

近几年，由于国有和国有控股企业普遍具有良好的企业经济效益，大量的企业经济效益远远超过了国有资产管理部门和财政部门的绩效考核指标，具有良好的企业年金缴费能力。我国国有和国有控股企业建立企业年金的企业不到1/4，如果其余3/4的企业不为企业缴费不超过工资总额的4%的比例所围，加快建立企业年金制度，则企业年金行业可以加速在国有企业的发展。

第三节　国外企业年金制度发展的经验借鉴

在社会、经济、政治力量的共同推动下，从20世纪70年代末开始，掀起了一轮从西欧到拉美，再到东欧和东亚国家，席卷全球的世界性养老金制度改革浪潮。改革的主要方向是寻求养老金制度的公平与效率平衡；建立包括公共养老金、补充养老金包括企业年金和职业年金、个人养老金在内的多支柱养老金体系；充分发挥市场在公共品混合提供中的效率作用，实行养老基金运营市场化。个人账户制、积累制、基金制养老金获得快速发展，企业年金尤其成为养老金体系的重要组成部分。企业年金实行市场化运营，与金融市场尤其是证券市场互动，实现企业年金基金的保值增值。

一、从单支柱走向多支柱，实现公平与效率的平衡

西方"福利国家"养老金制度在设计之初并没有太多地考虑效率因素，

现收现付制存在激励不足的问题。20 世纪 70 年代末以来，面对世界性人口老龄化趋势，动摇了现收现付制单一支柱公共养老金的制度基础。西方"福利国家"单一支柱的公共养老金模式已无法承担社会保障的重荷，多支柱养老金模式开始浮出水面。公共养老金模式忽略了个人的自我保障责任，容易助长个人依赖政府的倾向；在基金不足时仅仅靠提高缴费比例增加资金，缺乏保值增值的手段；基金运营的成本高，效率低下。养老金制度的目标也由单一的消除贫困、解决基本生活问题，向促进储蓄和经济增长、消除贫困等多重目标转化；养老金制度也在逐步转向多层次、多形式的支持体系，包括公共养老金制度、企业补充养老金制度、个人储蓄保险制度和个人年金保险制度等多个支柱。各种制度在功能上互相补充，产生互动，以整合整个养老金体系趋于最优。

企业年金基金制具备较强的激励作用；企业年金个人账户养老基金的产权易于界定，并可通过统一的社会保障管理制度随劳动力流动而自由转移，促进劳动资源的优化配置，激发劳动者工作热情；政府公共部门集中垄断性管理转为私人养老金管理公司的分散竞争性管理有助于提高运营效率，增进社会福利。

二、实行企业年金税收优惠政策

税收优惠是企业年金发展的动力源，实行税收优惠政策可以激励个人养老储蓄，是发展企业年金的关键性制度安排。企业年金制度发达国家的经验显示，对企业年金实行优惠的税收政策是促进企业年金迅猛发展的主要推动力之一。

世界上大多数国家包括奥地利、加拿大、芬兰、德国、爱尔兰、卢森堡、荷兰、挪威、葡萄牙、西班牙、瑞士、英国、美国（税收优惠养老金计划）等国家都针对企业年金实行延迟征税（EET）优惠政策[①]。从 OECD 国家和世界其他主要国家对企业年金计划的税收待遇可以看出：在缴费期，大部分国家都将企业年金缴费从税前收入中扣除或给予一个免税限额，只有澳大利亚、法国、冰岛、日本和新西兰等少数国家在缴费期征税；在投资期，多数国家对企业年金基金积累实行免税政策，澳大利亚和瑞典对企业年金基金实行一个低于

---

① 孙建勇：《企业年金管理指引》，中国财政经济出版社 2004 年版。

边际税率的特别税率，而丹麦仅对企业年金基金增值部分征税；在给付期，所有国家都在这个时点征税，并且许多国家对退休前支取企业年金基金者实行惩罚性税率，只有新西兰等少数国家在给付期实行免税待遇。

三、普遍采用个人账户管理、年金化给付方式

从产权结构来看，企业年金计划可以分为公共账户计划和个人账户计划。公共账户计划一般采取待遇确定型制度，公共账户制的优势是能够实现代内收入转移（Intragenerational Transfer）分配，但缴费与最终受益之间没有制度性关联，不利于激励缴费的积极性和职工流动。个人账户计划一般采取缴费确定型制度，计划受托人为每一计划参与者设立一个个人账户，个人账户实现基金平衡，即以其缴费积累和投资收益额支付年金待遇，不具备代内收入转移分配功能，个人账户制的优势是能够实现个人收入的跨时转移（Intertemporal Transfer），企业年金缴费积累具有私人产权性质，任何个人和机构都不得以任何名义侵占和挪用。企业资产通过缴费向职工（计划参与者）转移，并计入其个人账户；职工通过缴费将个人劳动收入转入企业年金个人账户，因此个人账户制具有较强的缴费激励和流动性。

年金化给付方式，可以实现企业年金的养老保障功能，降低受益人的税收成本。个人账户的养老储蓄的性质决定了为防止养老储蓄用于养老保障以外的用途，企业年金个人账户均依法"锁定"，即在退休事实发生之前，不得以任何理由支取，法律有特殊规定的除外。新加坡中央公积金计划要求个人满62岁时必须选择三种方式领取养老金：仍然留在中央公积金中、将公积金存入特许的银行定期领取养老金、购买年金。年金合约可以分解为三部分：7年的定期存款（55~61岁）、15年期间保证年金（62~76岁）、77岁以后的终生年金。智利私人管理的养老金制度要求职工退休后采取三种方式给付养老金：留在养老基金管理公司定期支取、即付年金、延付年金。养老基金强制年金化在英国有很长的历史，可以追溯到1921年的《金融法》，1956年的《金融法》引入了目前的强制年金化要求，即在雇主发起的个人养老金账户中，计划参与者在75岁必须实行强制年金化。给付年金化所提供的对不确定生命期的保险能增加退休者的效用。

四、政府经营走向政府监督、市场运营

20 世纪 70 年代末以来的世界性养老金制度改革的主要趋势是，充分发挥以市场化管理为基础的企业年金的积极作用。在许多发达国家和新兴市场经济国家，企业年金计划已经成为其养老保障体系的重要支柱，企业年金成为退休职工重要的收入来源，企业年金基金也因其独特性成了资本市场的重要机构投资者。养老金市场化运作包含两方面的含义：一是政府为养老金制度提供法律上的保障，给予计划参与者税收优惠，在遵循市场化的前提下，通过基金营运实现自我平衡；企业年金计划通常以四种法律形式存在：公司型、基金会型、信托型和契约型。其中，信托法律关系强调保障委托人和受益人的权益，使受托人的权利和义务充分对等，清晰界定了信托关系中相关角色之间的职能。二是政府只对基本保障项目进行管理，并制定全国统一标准，其他项目交给非营利性机构或商业机构负责。政府的职能只限于进行法律监督、业务指导和最后担保，并不直接参与经营。

世界银行的数据表明，只有具备独立经营权或交给有利益约束的私营机构进行商业化经营的养老金制度，才能真正实现基金的保值增值，从而最终保证保障对象的利益。如智利将养老基金交给具有竞争性的私营公司经营，年收益率达到了 13%[①]以上，这既为国家积累了巨额的资金减轻了政府的财政负担，又切实保障了养老基金的支付能力。美国经验也具有重要的启示。在美国三支柱养老金体系中，政府作用主要体现在两大方面：一是政府直接组织第一支柱；二是在第一支柱的基本保障之外，政府提供以税收优惠为核心的政策空间，鼓励第二、第三支柱养老金计划的发展，第二、第三支柱养老金计划的具体组织过程完全由雇主、雇员和商业经营机构通过市场竞争机制自行组织，市场化选择合格的管理机构，按照法规规则投资金融资本市场。

---

① 孙建勇：《企业年金管理指引》，中国财政经济出版社 2004 年版。

第三章　企业年金基金治理结构

企业年金治理结构是企业年金基金安全的基础。与公司治理一样，企业年金治理可以看作一系列制度的安排，包括用于保护受益人利益的法律和监管框架。给予参与管理年金基金所有当事人有效的激励和约束确保受益人的利益最大化是企业年金治理的目标。

第一节　企业年金基金的管理框架和机构选择

一、企业年金基金的管理框架

企业年金基金的管理框架包括七个管理当事人和两层法律关系。七个管理当事人为委托人、受托人、账户管理人、托管人、投资管理人、中介服务机构和企业年金监管机构；两层法律关系为信托关系和委托—代理关系。

（一）企业年金基金管理当事人职责

在设计企业年金方案时，必须明确企业年金基金当事人的职责（见图3-1）。

（二）两层法律关系

1. 企业年金委托人与受托人之间是信托关系

设立企业年金方案的企业及其职工作为委托人与企业年金理事会或法人受托机构（受托人）之间是信托合同关系。信托合同明确了双方的权利与义务，特别是确定了企业年金理事会和法人受托机构作为受托人的职责、法律责任和

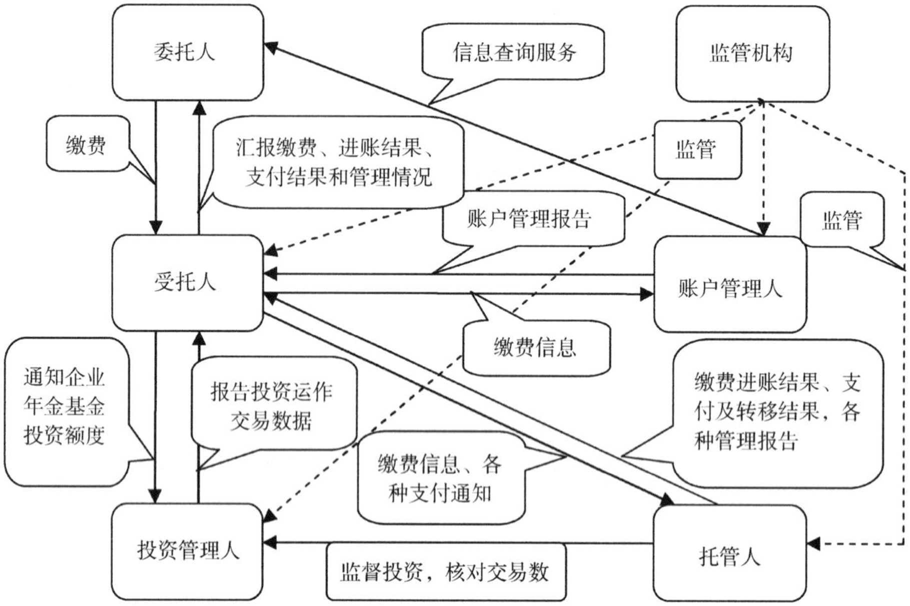

图 3-1　企业年金基金当事人的职责

义务。根据信托法和企业年金法规的规定，企业年金基金信托合同应当包含以下六项内容：企业年金基金信托目的；委托人、受托人的姓名或者名称、住所；受益人或受益人范围；企业年金基金信托财产范围、种类及状况；受托人的职责；受益人取得企业年金待遇的形式、方法。

　　信托关系在企业年金的管理上具有优势，其特点是可以保证企业年金基金资产的独立性，对于企业年金基金而言，它的保全是不可缺少的重要条件。以信托模式设定的企业年金资产，独立于企业总资产和受托人的自有资产，完全不受委托人（实施企业年金制度的企业）和受托人破产风险的影响，这是信托模式独有的机能。在企业破产清算时，企业年金基金将不作为清算和破产财产。因为通过设定信托，企业把企业年金基金以信托方式委托给受托人，受托人则成为企业年金资产的名义所有人，那么当企业破产时，企业年金资产则不会变成企业向债权人抵押的对象，这样就能够保证企业年金资产脱离委托人的破产风险。

　　2. 受托人与账户管理人、托管人、投资管理人之间是委托—代理关系

　　受托人有自己管理的义务，又被称为亲自管理处分信托事务的义务。受托人应当自己处理信托事务，但信托文件另有规定或者有不得已事由的，可以委

托他人代为处理。由于受《企业年金基金管理办法》的规定及有关法律法规的限制，企业年金基金受托人在不能亲自管理或委托他人处理部分企业年金基金管理事务更能体现为受益人的最大利益行事时，有责任为受托企业年金基金财产选择符合要求的能够处理账户管理、托管、投资管理事务的机构，由它们代为处理相关的业务。

受托人将账户管理、托管和投资管理业务委托给第三方法人机构时，根据《合同法》须与它们分别签订合同，这是一种委托—代理合同。受托人是委托人，而账户管理人、托管人和投资管理人是代理人，它们之间是委托—代理关系。账户管理人、托管人、投资管理人不是以自己的名义，而是以受托人的名义代为处理企业年金基金财产，这与委托人与受托人之间的信托合同关系不同。受托人对企业年金基金财产负有全责，账户管理人、托管人、投资管理人仅对委托合同中确立的义务和责任负责。

账户管理人、托管人、投资管理人分别履行自己的职责，相互制约、相互监督，可以有效化解风险，使企业年金在新的机制和专业管理中安全增值。账户管理人、基金托管人和投资管理人在行政、财务上相对独立，账户管理人和投资管理人只下指令，不直接运用资金，托管人依据指令办理交割手续，但无权调动和使用资金。

二、企业年金基金的管理机构选择

（一）企业年金基金管理机构选择的基本原则

企业年金基金管理涉及受托人、托管人、账户管理人、投资管理人、中介机构等多个主体。企业年金计划主办人（Sponsor）首先必须确定企业年金计划的受托人。企业可以采取两种受托模式：理事会受托模式和法人受托模式。确定了企业年金理事会或法人受托机构后，企业年金受托人进而选择、评估、监督托管人、账户管理人、投资管理人。

选择有关的运作当事人是企业年金计划实施的首要步骤，选择是否恰当，直接关系企业年金基金能否在保证资产安全的前提下达到预期的投资运作目标。选择有关企业年金基金管理机构，应遵循公平、效率和经济原则（即所谓的 3E 原则，Equity——公平、Efficiency——效率和 Economy——经济）。

（二）企业年金基金管理机构选择的模式

受托人应该根据委托人的特殊需要，具体确定符合自身需要的机构选择标准，并建立企业年金基金管理人信息库，为企业年金基金管理储备机构资源（见图3-2）。

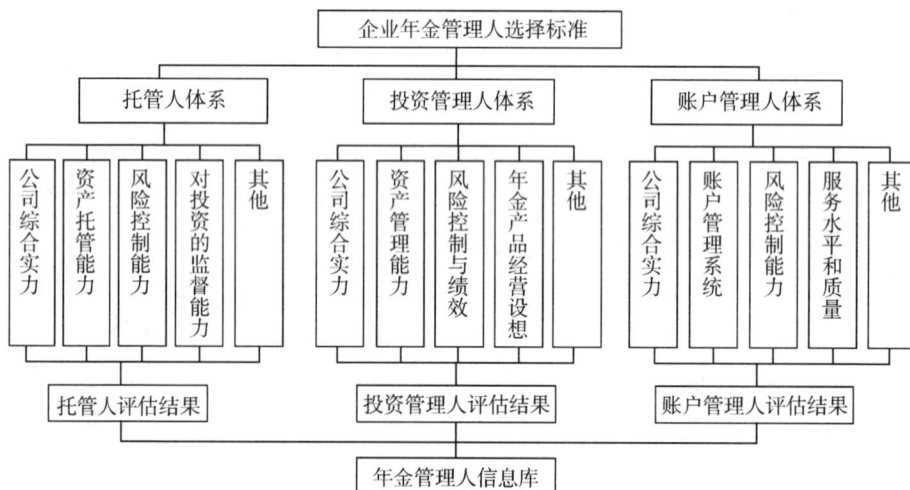

图3-2 企业年金基金管理机构选择模式

（三）企业年金基金运营机构选择评估的基本体系

评估指标的选择完全由受托人自主决定。指标的选择标准应符合企业年金计划的需求。不同的企业年金计划必须选择不同的评估指标。对不同的管理人，也必须选择不同的评估指标。

评估指标是由企业自身确定的指标，每个指标的评估系数，也由企业自己决定。评估系数的设定，反映了企业和职工的选择偏好。企业应选择最适合本企业年金计划的管理人，而不是简单地选择规模最大的、效益最好的、管理费用最低的管理人。

评估系数必须对评估指标统一进行量值转换（见表3-1）。

表 3-1　企业年金基金运营机构选择评估基本体系

评估指标	评估系数	评估分值
1.1 法人治理结构		
1.2 注册资本		
1.3 总资产		
1.4 净资产		
1.5 资产负债比率		
1.6 资信评级		
1.7 经营历史		
1.8 经营理念		
2.1 企业年金管理人员		
2.2 企业年金管理机构		
2.3 企业年金管理能力		
2.4 企业年金管理规范		
2.5 企业年金研发水平		
2.6 企业年金管理系统		
2.7 企业年金服务产品		
2.8 企业年金职能合作		
2.9 企业年金和养老金管理历史		
2.9.1 企业年金管理时间		
2.9.2 管理企业年金计划数量		
2.9.3 企业年金管理规模		
2.10 企业年金管理国际合作经验		
3.1 内部控制规范		
3.2 内部控制机构		
3.3 内部控制人员		
4.1 服务网点		
4.2 服务规范		
4.3 服务流程		
4.4 服务系统		
5.1 品牌认可度		
5.2 产权结构		
5.3 同业比较		
5.4 与主办人的既往合作		
5.5 管理费用		

1. 定性指标的定量化

该评价方法实际上是将定性指标进行定量化处理。对于定性指标，其评价结果可用"优、良、中、低、差"五个等级来评判，上述评价分别对应设计分值是 1、0.8、0.6、0.4、0.2 或者 100、80、60、40、20。

2. 定量指标的定值转换

在企业年金管理人评价指标体系中，由于评价指标类型不同，其属性值量化的方法也不同。评价指标的类型一般可分为越小越好型（如评价银行账户管理人的不良贷款率）、越大越好型（如净资产规模）、适度型（如资产负债比率）。

（四）企业年金基金管理机构选择的方式

选择企业年金基金管理机构，根据企业年金基金的计划特征、规模、投资政策、资产配置和信息披露等要求可以采取竞争性招标、非竞争性招标的方式选择有关运作当事人。竞争性招标可以分为公开招标和邀请性招标两种方式。非竞争性招标可以分为谈判招标（议标）和单独招标（指定）两种方式。

决定选择管理机构的效率、公平、满足企业及其职工偏好的关键是：建立公平严格科学的程序、由专业公平的人士参与决策企业年金基金管理机构选择。

（五）企业年金基金管理机构

1. 第一批获得企业年金基金管理机构资格的运营机构

企业年金基金法人受托机构 5 家：华宝信托投资有限责任公司、中信信托投资有限责任公司、中诚信托投资有限责任公司、平安养老保险股份有限公司、太平养老保险股份有限公司。

企业年金基金账户管理人 11 家：中国工商银行、交通银行、上海浦东发展银行、招商银行、中国光大银行、中信信托投资有限责任公司、华宝信托投资有限责任公司、新华人寿保险股份有限公司、中国人寿保险股份有限公司、中国太平洋人寿保险股份有限公司、泰康人寿保险股份有限公司。

企业年金基金托管人 6 家：中国工商银行、中国建设银行、中国银行、交通银行、招商银行、中国光大银行。

企业年金基金投资管理人 15 家：海富通基金管理有限公司、华夏基金管理有限公司、南方基金管理有限公司、易方达基金管理有限公司、嘉实基金管理有限公司、招商基金管理有限公司、富国基金管理有限公司、博时基金管理有限公司、银华基金管理有限公司、中国国际金融有限公司、中信证券股份有限公司、中国人寿资产管理有限公司、华泰资产管理有限公司、平安养老保险股份有限公司、太平养老保险股份有限公司。

2. 第二批获得企业年金基金管理机构资格的运营机构

企业年金基金法人受托机构 7 家：中国建设银行股份有限公司、中国工商银行、招商银行、上海国际信托有限公司、长江养老保险股份有限公司、中国人寿养老保险股份有限公司、泰康养老保险股份有限公司。

企业年金基金账户管理人 7 家：中国人寿养老保险股份有限公司、泰康养老保险股份有限公司、平安养老保险股份有限公司、长江养老保险股份有限公司、中国建设银行、中国民生银行、中国银行。

企业年金基金托管人 4 家：中信银行、上海浦东发展银行、中国农业银行、中国民生银行。

企业年金基金投资管理人 6 家：国泰基金管理有限公司、工银瑞信基金管理有限公司、广发基金管理有限公司、泰康资产管理有限责任公司、中国人保资产管理股份有限公司、长江养老保险股份有限公司。

3. 第三批获得企业年金基金管理机构资格的运营机构

企业年金基金法人受托机构 6 家：中国工商银行股份有限公司、中国建设银行股份有限公司、招商银行股份有限公司、中国人寿养老保险股份有限公司、长江养老保险股份有限公司、泰康养老保险股份有限公司。

企业年金基金账户管理人 7 家：中国建设银行股份有限公司、中国银行股份有限公司、中国民生银行股份有限公司、中国人寿养老保险股份有限公司、平安养老保险股份有限公司、长江养老保险股份有限公司、泰康养老保险股份有限公司。

企业年金基金托管人 4 家：中国农业银行股份有限公司、上海浦东发展银行股份有限公司、中信银行股份有限公司、中国民生银行股份有限公司。

企业年金基金投资管理人 6 家：中国人寿养老保险股份有限公司、长江养老保险股份有限公司、泰康资产管理有限责任公司、中国人保资产管理股份有限公司、工银瑞信基金管理有限公司、国泰基金管理有限公司。

上海国际信托有限公司受托管理机构资格、广发基金管理有限公司投资管理机构资格不予延续。

4.第四批获得企业年金基金管理机构资格的运营机构

企业年金基金法人受托机构4家：华宝信托有限责任公司、中信信托有限责任公司、平安养老保险股份有限公司、太平养老保险股份有限公司。

企业年金基金账户管理人7家：中国工商银行股份有限公司、交通银行股份有限公司、上海浦东发展银行股份有限公司、招商银行股份有限公司、中国光大银行股份有限公司、华宝信托有限责任公司、新华人寿保险股份有限公司。

企业年金基金托管人6家：中国工商银行股份有限公司、中国建设银行股份有限公司、中国银行股份有限公司、交通银行股份有限公司、招商银行股份有限公司、中国光大银行股份有限公司。

企业年金基金投资管理人14家：海富通基金管理有限公司、华夏基金管理有限公司、南方基金管理有限公司、易方达基金管理有限公司、嘉实基金管理有限公司、招商基金管理有限公司、富国基金管理有限公司、博时基金管理有限公司、银华基金管理有限公司、中国国际金融有限公司、中信证券股份有限公司、华泰资产管理有限公司、平安养老保险股份有限公司、太平养老保险股份有限公司。

注销中信信托有限责任公司企业年金基金账户管理人资格。

第二节　企业年金基金委托人

企业年金基金委托人是建立企业年金计划的企业和企业职工。委托人的主要职责包括：

一、制定企业年金方案

建立企业年金，应当由企业与工会或职工代表通过集体协商确定，并制定企业年金方案。由于企业年金方案属于专项集体合同，应执行《集体合同规定》有关订立集体协商的程序规定制定企业年金方案。企业年金方案确定：参与人员范围、资金筹集方式、职工企业年金个人账户管理方式、基金管理方式、计发办法和支付方式、支付企业年金待遇的条件、组织管理和监督方式、中止缴费的条件、双方约定的其他事项。

二、按规定缴纳企业年金费用

企业年金方案是企业与职工自愿协商建立的。在国外，企业年金所需费用的来源主要有两个：一是雇主缴费；二是雇员个人缴费。我国实行的是由企业和职工共同缴纳的政策。企业缴费每年不超过本企业上年度职工工资总额的 1/12。企业和职工个人缴费合计一般不超过本企业上年度职工工资总额的 1/6。即企业缴纳企业年金费用不能超过本企业上年度职工工资总额的 8.33%。加上职工个人缴纳的企业年金费用，合计不超过本企业上年度职工工资总额的 16.67%。企业和职工个人有责任按规定缴纳企业年金费用。

三、选择企业年金基金受托人

企业年金基金受托人是指受托管理企业年金基金相关事务的企业年金理事会或符合国家规定的养老金管理公司等法人受托机构。受托人，是指受托管理企业年金基金及相关事务的企业年金理事会或符合国家规定的养老金管理公司等法人受托机构。选择企业年金基金受托人是委托人的职责之一。

受托人、受托模式，是企业年金计划运行的核心。选择、决定企业年金基金受托模式和受托人，直接影响企业年金基金的保值增值，直接影响企业和职工的利益。

第三节　企业年金基金受托人、账户管理人、托管人、投资管理人

一、企业年金基金受托人

(一) 企业年金基金受托人的界定与分类

企业年金基金受托人是指受托管理企业年金基金相关事务的企业年金理事

会或符合国家规定的养老金管理公司等法人受托机构。受托人是按照委托人的意愿以自己的名义，为受益人的利益或特定的目的，承诺对信托财产进行管理或者处分的人。

企业年金受托人可以是企业成立的企业年金理事会，也可以是符合国家规定的法人受托机构。根据《企业年金基金管理办法》规定，受托人是指受托管理企业年金基金的符合国家规定的养老金管理公司等法人受托机构或者企业年金理事会。

企业年金理事会由企业和职工代表组成，也可以聘请企业以外的专业人员参加，其中职工代表应不少于1/3。

法人受托机构是指以法人组织充当信托活动受托人的法人机构。法人机构作为受托人有两种形式：一是信托机构形式的法人，即通常意义的信托投资公司；二是非信托机构形式的法人。受托管理企业年金基金符合国家规定的养老金管理公司等法人受托机构可以成为企业年金的法人受托人（见图3-3）。

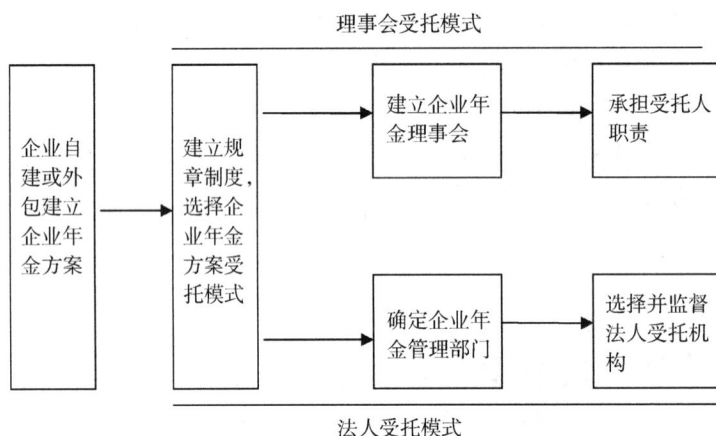

图 3-3　选择企业年金计划受托模式的基本步骤

（二）企业年金理事会

1. 企业年金理事会理事应具备的条件
（1）具有完全民事行为能力。
（2）诚实守信，无犯罪记录。
（3）具有从事法律、金融、会计、社会保障或者其他履行企业年金理事会理事职责所必需的专业知识。

（4）具有决策能力；无个人所负数额较大的债务到期未清偿情形。

2. 企业年金理事会职责

（1）企业年金理事会依法独立管理本企业的企业年金基金事务，不受企业方的干预，不得从事任何形式的营业性活动，不得从企业年金基金财产中提取管理费用。

（2）企业年金理事会会议，应当由理事本人出席；理事因故不能出席，可以书面委托其他理事代为出席，委托书中应当载明授权范围。

（3）理事会作出决议，应当经全体理事 2/3 以上通过。理事会应当对会议所议事项的决定形成会议记录，出席会议的理事应当在会议记录上签名。

（4）理事应当对企业年金理事会的决议承担责任。理事会的决议违反法律、行政法规、本单位规定或者理事会章程，致使企业年金基金财产遭受损失的，理事应当承担赔偿责任。但经证明在表决时曾表明异议并记载于会议记录的，该理事可以免除责任。

（5）企业年金理事会对外签订合同，应当由全体理事签字。

（三）企业年金法人受托机构资格准入条件

（1）经国家金融监管部门批准，在中国境内注册的独立法人。

（2）注册资本不少于 5 亿元人民币，且在任何时候都维持不少于 5 亿元人民币的净资产。

（3）具有完善的法人治理结构。

（4）取得企业年金基金从业资格的专职人员达到规定人数。

（5）具有符合要求的营业场所、安全防范设施和与企业年金基金受托管理业务有关的其他设施。

（6）具有完善的内部稽核监控制度和风险控制制度。

（7）近 3 年没有重大违法违规行为。

（8）国家规定的其他条件。

（四）企业年金基金受托人职责

（1）选择、监督、更换账户管理人、托管人、投资管理人。

（2）制定企业年金基金战略资产配置策略。

（3）根据合同对企业年金基金管理进行监督。

（4）根据合同收取企业和职工缴费，向受益人支付企业年金待遇，并在合同中约定具体的履行方式。

（5）接受委托人查询，定期向委托人提交企业年金基金管理和财务会计报告。发生重大事件时，及时向委托人和有关监管部门报告；定期向有关监管部门提交开展企业年金基金受托管理业务情况的报告。

（6）按照国家规定保存与企业年金基金管理有关的记录自合同终止之日起至少15年。

（7）国家规定和合同约定的其他职责。

二、企业年金账户管理人

（一）企业年金账户管理人的界定

企业年金账户管理人指受受托人委托，并根据受托人提供的计划规则为企业和职工建立账户、记录缴费与投资运营收益、计算待遇支付和提供信息查询等服务的专业机构。

（二）企业年金账户管理人机构资格准入条件

（1）经国家有关部门批准，在中国境内注册的独立法人。

（2）注册资本不少于5亿元人民币，且在任何时候都维持不少于5亿元人民币的净资产。

（3）具有完善的法人治理结构。

（4）取得企业年金基金从业资格的专职人员达到规定人数。

（5）具有相应的企业年金基金账户信息管理系统。

（6）具有符合要求的营业场所、安全防范设施和与企业年金基金账户管理业务有关的其他设施。

（7）具有完善的内部稽核监控制度和风险控制制度。

（8）近3年没有重大违法违规行为。

（9）国家规定的其他条件。

（三）企业年金账户管理人职责

（1）建立企业年金基金企业账户和个人账户。

（2）记录企业、职工缴费以及企业年金基金投资收益。

（3）定期与托管人核对缴费数据以及企业年金基金账户财产变化状况，及时将核对结果提交受托人。

（4）计算企业年金待遇。

（5）向企业和受益人提供企业年金基金企业账户和个人账户信息查询服务；向受益人提供年度权益报告。

（6）定期向受托人提交账户管理数据等信息以及企业年金基金账户管理报告；定期向有关监管部门提交开展企业年金基金账户管理业务情况的报告。

（7）按照国家规定保存企业年金基金账户管理档案自合同终止之日起至少15年。

（8）国家规定和合同约定的其他职责。

除《企业年金基金管理办法》规定的职责外，其他法律、行政法规以及人力资源和社会保障部门、金融监管机构和委托账户管理合同也可能对账户管理人的职责做出补充和细化规定，这些都应成为账户管理人应履行的职责。

（四）调查、评估、选择、监督企业年金账户管理人

企业年金账户管理涉及企业全体参与企业年金计划的职工，多至几万、几十万甚至上百万人，影响每个职工日常的企业年金缴费、权益归属、企业年金领取等。一旦确定企业年金账户管理人，除非特殊情况，更换新的企业年金账户管理人成本很高。所以，调查、评估、监督、更换企业年金账户管理人，必须慎之又慎。

企业选择企业年金账户管理人，目前只能从已经取得企业年金账户管理人资格的机构中选择。以后开展新的企业年金合规运营机构的市场准入，有新的账户管理机构获得批准后，企业可以有更多的企业年金账户管理机构选择对象。账户管理是企业年金规范管理的基础，而年金账户管理系统又是账户管理的技术基础。年金账户管理人除了必须具备较好的安全防范措施、完善的内部稽核监控和风险控制制度外，还必须拥有一个合适的账户管理系统。原则上，一个企业的单个企业年金计划，只能选择一个账户管理人。除了国家规定的企业年金账户管理人的资格要求之外，企业年金受托人应该根据委托人企业年金计划特点调查、评估、选择适应的企业年金账户管理人。

企业考察、选择、评估企业年金账户管理人，必须经过对取得企业年金账户管理人资格的机构的企业年金账户管理系统实地进行测试，才能保证选择的

企业年金账户管理人符合委托人企业和职工的要求。

三、企业年金基金托管人

（一）企业年金基金托管人的界定

企业年金基金财产托管人是接受受托人委托，并根据托管合同安全保管企业年金基金财产、提供资金清算、会计核算与估值、投资监督等服务的商业银行或专业机构。采取企业年金基金托管管理，可以有效控制风险保障基金安全，可以减少当事人之间资金流和信息流的环节，提高工作效率。

（二）企业年金基金托管人的资格准入条件

（1）经国家金融监管部门批准，在中国境内注册的独立法人。

（2）注册资本不少于 50 亿元人民币，且在任何时候都维持不少于 50 亿元人民币的净资产。

（3）具有完善的法人治理结构。

（4）设有专门的资产托管部门。

（5）取得企业年金基金从业资格的专职人员达到规定人数。

（6）具有保管企业年金基金财产的条件。

（7）具有安全高效的清算、交割系统。

（8）具有符合要求的营业场所、安全防范设施和与企业年金基金托管业务有关的其他设施。

（9）具有完善的内部稽核监控制度和风险控制制度。

（10）近 3 年没有重大违法违规行为。

（11）国家规定的其他条件。

（三）企业年金基金托管人的职责

（1）安全保管企业年金基金财产。

（2）以企业年金基金名义开设基金财产的资金账户和证券账户。

（3）对所托管的不同企业年金基金财产分布设置账户，确保基金财产的完整和独立。

（4）根据受托人指令，向投资管理人分配企业年金基金财产。

（5）及时办理清算、交割事宜。

（6）负责企业年金基金会计核算和估值，复核、审查和确认投资管理人计算的基金财产净值。

（7）根据受托人指令，向受益人发放企业年金待遇。

（8）定期与账户管理人、投资管理人核对有关数据。

（9）按照规定监督投资管理人的投资运作，并定期向受托人报告投资监督情况。

（10）定期向受托人提交企业年金基金托管和财务会计报告；定期向有关监管部门提交开展企业年金基金托管业务情况的报告。

（11）按照国家规定保存企业年金基金托管业务活动记录、账册、报表和其他相关资料自合同终止之日起至少15年。

（12）国家规定和合同约定的其他职责。

除《企业年金基金管理办法》规定的职责外，其他法律、行政法规以及人力资源和保障部门、金融监管机构及有关合同也可能对托管人的职责做出补充和细化规定，也应成为托管人应履行的职责。

（四）受托人评估、选择、监督企业年金托管人

企业年金基金托管人负责企业年金基金的财产保管、资金清算、会计核算、财产估值、投资监督、内部控制等，直接影响企业年金基金财产的安全和企业与职工的企业年金利益。目前已经取得企业年金基金托管人资格的机构，是企业年金的托管人候选对象。将来国家有关监管部门再次审批准入的企业年金基金托管人，也可以成为企业年金主办人的候选托管人。

原则上，一个企业的单个企业年金计划，只能选择一个托管人。除了国家规定的企业年金托管人的资格要求之外，受托人应该根据委托人的特点；候选机构的资质、经验、专业经验和能力、服务水平、资费标准等，评估、选择适合企业年金计划要求的托管人。

四、企业年金投资管理人

（一）企业年金投资管理人的界定

投资管理人是指接受受托人的委托，根据受托人制定的投资策略和战略资

产配置，为企业年金计划受益人的利益，采取资产组合方式对企业年金基金财产进行投资管理的专业机构。

（二）企业年金投资管理人的资格准入条件

（1）经国家金融监管部门批准，在中国境内注册，具有受托投资管理、基金管理或者资产管理资格的独立法人。

（2）具有证券资产管理业务的证券公司注册资本不少于 10 亿元人民币，且在任何时候都维持不少于 10 亿元人民币的净资产；养老金管理公司注册资本不少于 5 亿元人民币，且在任何时候都维持不少于 5 亿元人民币的净资产；信托公司注册资本不少于 3 亿元人民币，且在任何时候都维持不少于 3 亿元人民币的净资产；基金管理公司、保险资产管理公司、证券资产管理公司或者其他专业投资机构注册资本不少于 1 亿元人民币，且在任何时候都维持不少于 1 亿元人民币的净资产。

（3）具有完善的法人治理结构。

（4）取得企业年金基金从业资格的专职人员达到规定人数。

（5）具有符合要求的营业场所、安全防范设施和与企业年金基金投资管理业务有关的其他设施。

（6）具有完善的内部稽核监控制度和风险控制制度。

（7）近 3 年没有重大违法违规行为。

（8）国家规定的其他条件。

（三）企业年金投资管理人的职责

投资管理人应当履行下列职责：

（1）对企业年金基金财产进行投资。

（2）及时与托管人核对企业年金基金会计核算和估值结果。

（3）建立企业年金基金投资管理风险准备金。

（4）定期向受托人和有关监管部门提交投资运作报告。

（5）根据国家规定保存基金财产会计凭证、会计账簿、年度财务会计报告和投资记录至少 15 年。

（6）国家规定和合同约定的其他职责。

（四）选择、评估、监督企业年金基金投资管理人

企业年金基金的根本是投资的保值增值。离开了保值增值，维护企业和职工的利益、补充职工退休养老保险、调动职工积极性、增强职工凝聚力等都无从谈起。企业制定的企业年金计划投资政策是保障企业年金基金保值增值的前提，但是，确定了企业年金基金投资政策之后，需要企业年金投资管理人具体实施并实现。同时，投资管理人的投资管理过程，也可以增强投资的风险防范、进一步提高企业年金基金的投资收益。目前已经取得企业年金基金投资管理人资格的机构，是企业年金的投资管理人候选对象。将来国家有关监管部门再次审批准入的企业年金基金投资管理人，也可以成为企业年金受托人的候选投资管理人。

一个企业年金计划，可以选择多个投资管理人。除了国家规定的企业年金投资管理人的资格要求之外，受托人应该根据委托人企业年金计划的特点选择适合的企业年金投资管理人。

第四节 企业年金基金管理收益分配及费用

一、企业年金基金收益分配

账户管理人应当采用份额计量方式进行账户管理，根据企业年金基金单位净值，按周或者按日足额记入企业年金基金企业账户和个人账户。

二、企业年金基金管理机构收费标准

受托人年度提取的管理费不高于受托管理企业年金基金财产净值的 0.2%。

账户管理人的管理费按照每户每月不超过 5 元人民币的限额，由建立企业年金计划的企业另行缴纳。保留账户和退休人员账户的账户管理费可以按照合同约定由受益人自行承担，从受益人个人账户中扣除。

托管人年度提取的管理费不高于托管企业年金基金财产净值的 0.2%。

投资管理人年度提取的管理费不高于投资管理企业年金基金财产净值的 1.2%。

根据企业年金基金管理情况，人力资源社会保障部会同中国银监会、中国证监会和中国保监会，适时对有关管理费进行调整。

三、投资管理风险准备金

投资管理人从当期收取的管理费中，提取 20%作为企业年金基金投资管理风险准备金，专项用于弥补合同终止时所管理投资组合的企业年金基金当期委托投资资产的投资亏损。

当合同终止时，如所管理投资组合的企业年金基金财产净值低于当期委托投资资产的，投资管理人应当用风险准备金弥补该时点的当期委托投资资产亏损，直至该投资组合风险准备金弥补完毕；如所管理投资组合的企业年金基金当期委托投资资产没有发生投资亏损或者风险准备金弥补后有剩余的，风险准备金划归投资管理人所有。

企业年金基金投资管理风险准备金应当存放于投资管理人在托管人处开立的专用存款账户，余额达到投资管理人所管理投资组合基金财产净值的 10%时可以不再提取。托管人不得对投资管理风险准备金账户收取费用。

风险准备金由投资管理人进行管理，可以投资于银行存款、国债等高流动性、低风险金融产品。风险准备金产生的投资收益，应当纳入风险准备金管理。

第四章　企业年金计划

第一节　企业年金计划管理

随着知识经济时代的到来，企业对于人才的竞争日益激烈，员工福利作为雇员薪酬的一个重要组成部分，在很大程度上已经成为企业吸引和留住优秀人才，激发和调动企业员工工作积极性的一项管理举措。企业年金计划作为员工福利的重要组成部分，正发挥越来越大的作用。

企业年金属于收入保障计划的范畴，是企业在工资、奖金、津贴、股权和期权之外，对员工分配的另一个重要手段。工资、股权和期权等属于现期分配范畴，企业年金则属于延期分配范畴。员工不仅关心自己眼前的利益，而且还关心自己未来的长远利益。

一、建立企业年金计划的必要条件

《企业年金试行办法》是为建立多层次的养老保险制度，更好地保障企业职工退休后的生活，完善社会保障体系，说明了《企业年金试行办法》的立法目的，即以建立多层次的养老保险制度、更好地保障企业职工退休后的生活、完善社会保障体系为立法目的。

《企业年金试行办法》所称企业年金，是指企业及其职工在依法参加基本养老保险的基础上，自愿建立的补充养老保险制度。建立企业年金，应当按照本办法的规定执行。《企业年金试行办法》还规定，符合下列条件的企业，可以建立企业年金：①依法参加基本养老保险并履行缴费义务；②具有相应的经济负担能力；③已建立集体协商机制。从这三条规定，可以得出建立企业年金必须具备以下条件：

（一）必须以参加基本养老保险为前提

参加基本养老保险，并依法向基本养老保险基金缴纳费用，是企业及其职工依法应尽的义务。而建立企业年金制度，是企业及其职工依法享有的一项权利。没有履行参加基本养老保险的义务，就不能行使建立企业年金的权利。企业年金制度，作为退休职工除基本养老保险外的又一个生活保障的来源，是对基本养老保险制度的补充。所谓补充，必须先有主体，而后才能谈得上补充。如果企业没有依法参加基本养老保险并缴纳基本养老保险费，职工退休后就没有基本养老保险待遇。另外，这样规定也是为了防止有的企业以建立企业年金来替代参加基本养老保险。

（二）具有相应的经济负担能力

企业年金来自企业和职工的缴费，对企业和职工都是一项经济支出，这就要求企业及其职工要有相应的经济负担能力。不过，这只是一项原则性要求，《企业年金试行办法》并没有给出明确的具体标准，即没有规定什么样的企业才称得上具有相应的经济负担能力。

（三）已建立集体协商机制

集体协商，也称集体谈判。是指雇主或者雇主组织与工人组织就劳动条件和就业条件进行集体性的协商谈判活动。根据《企业年金试行办法》的规定，只有已建立集体协商机制的企业才可以建立企业年金。

企业年金合同是企业与其职工依法进行自愿、平等协商达成的，劳动保障行政部门不能干预，但是企业年金方案必须报送劳动行政部门进行合法性审查。《劳动法》规定，集体合同签订后应当报送劳动保障行政部门；劳动保障行政部门自收到集体合同文本之日起15日内未提出异议的，集体合同即生效。《企业年金试行办法》规定，企业年金方案应当报送所在地区县以上地方人民政府劳动保障行政部门。中央所属大型企业年金方案，应当报送劳动保障部。劳动保障行政部门自收到企业年金方案文本之日起15日内未提出异议的，企业年金方案即行生效。

二、企业年金计划的设计依据

在现代企业中，员工福利不再简单地指向奖金、劳保实物的发放和法定的福利政策。企业福利，特别是企业年金计划越来越彰显出对员工管理、人力资源战略乃至企业战略管理的价值。

（一）政策法规依据

有关企业年金的政策法规，最早可以追溯到 1991 年。1991 年《国务院关于企业职工养老保险制度改革的决定》（国发〔1991〕33 号）中就提出了提倡、鼓励企业实行补充养老保险的政策，也完整地提出了建立我国基本养老保险、企业补充养老保险和个人储蓄性养老保险相结合的多层次养老保险体系的目标。

2004 年 5 月 1 日起正式施行的《企业年金试行办法》对企业建立企业年金的基本条件、决策程序、资金来源、管理办法、待遇给付、企业年金基金管理机构、投资运营等做出了规定。《企业年金试行办法》的出台奠定了我国当前企业年金制度的基本框架，标志着我国开始全面推行企业年金制度。

从 2004 年 5 月 1 日实行的《企业年金基金管理试行办法》到 2011 年 5 月 1 日的《企业年金基金管理办法》，标志着我国企业年金计划管理和企业年金基金管理进入规范成熟发展阶段。新修订的《企业年金基金管理办法》自 2011 年 5 月 1 日起施行，必然成为企业年金规范发展的新的里程碑。

此外，《劳动法》、《集体合同规定》、《信托法》、《社会保险法》、《证券法》、《基金法》等法规是企业年金计划管理的上位法。相关部委和省市地方政府也对企业年金计划管理和基金管理给出了相应的监管规则。

（二）企业年金需求分析

企业是否需要建立企业年金，这是企业首先要考虑和决定的问题。只有在决定建立企业年金的前提下，才有设计企业年金计划的必要。

1. 企业的基本经济状况

企业年金主要是通过企业缴费而建立起来的一种养老制度，企业的缴费能力是建立企业年金的前提。因此，企业良好的经济状况（拥有一定的经济承受能力）是企业建立企业年金的基本物质条件。另外，企业年金是一项需要长期维持的制度，不仅企业当前的经济状况，而且企业的中期经济走势，都会对企业年金的建立产生重大影响。企业年金制是一种养老制度，需要企业具备相对稳健的筹资能力，能够稳定、持续地给予资金投入，通过较长时期的不断积累，最终才能在员工退休时提供可观的养老金收入。

2. 员工的养老需求和参加企业年金的意愿

企业年金是企业给予员工的一项养老福利，员工的养老需求是企业考虑是否建立企业年金以及建立水平的一个重要因素。影响员工的养老需求有两个方面的因素：一是员工法定的基本养老保险待遇水平将影响到员工对额外的养老待遇的需求大小；二是员工对将来退休时生活早做安排的意愿强弱将影响他们是否现在就考虑参加一种额外的养老计划。

三、企业年金计划设计考虑因素

（一）其他企业建立的企业年金计划

企业如果想通过建立企业年金计划来吸引和留住员工，那么他们必须考虑其他企业建立的企业年金计划是什么样的，通过调查其他企业建立的企业年金计划，特别是竞争企业提供的企业年金计划的情况，可以帮助企业确定提供一个什么样水平的企业年金计划是合理的。企业通过提供有竞争力的企业年金计划，才能使其在人才争夺市场上处于有利地位。

（二）企业的薪酬福利体系

薪酬福利项目需要企业的经济投入，都是企业的人工成本。在企业人工成本一定的情况下，各个薪酬福利项目之间存在相互影响、相互制约的关系，呈此消彼长的态势。另外，不同的薪酬福利项目具有各自不同的激励效应。薪酬福利项目之间如何合理组合才能达到最佳的总体激励效应，需要企业根据自身的状况（企业发展的不同阶段，企业员工的年龄结构等）加以认真、仔细权衡和选择。

（三）企业的发展战略

企业的发展战略是长期性的战略，企业一般都有寿命，而寿命有长有短。企业年金计划作为一个吸引人才和留住人才的重要手段，是企业与员工共同协商建立的制度，它将员工待遇与企业经营状况紧密地联系在一起，员工眼前利益和长远利益相统一，能最大限度地调动员工的积极性、创造性，吸引高素质、高品位的人才，稳定企业人力资源，最终达到增强企业凝聚力、竞争力，实现企业的发展战略。

（四）企业的人力资源战略

人才是企业最宝贵的财富。企业竞争归根结底是人才的竞争，如何吸引优秀人才，留住和稳定优秀人才是企业人力资源战略的重要内容。为了实现企业的人力资源战略，在设计企业年金计划时，首先，应考虑企业年金计划如何与企业制度、企业文化相结合，因为企业年金计划反映的是人力资源管理的目标，而影响人力资源管理目标的深层次原因是企业的产权制度和企业文化；其次，必须考虑员工当前的投资能力、风险偏好等因素，明确企业年金的成本和风险，以更好地实施人力资源战略；最后，设计企业年金方案时要明确关键人员与普通人员的区别，通过区别利润分享程度、企业缴费额、对年金计划选择权等来为不同的员工建立不同的计划，兼顾效率与公平，但是在企业年金的投资管理上需要一视同仁，以免高层管理人员利用信息优势获取对年金的不公平处置。

四、企业年金计划包含的内容

企业年金计划是企业依法建立企业年金计划、管理企业年金业务、规范企业年金运营的全部企业年金方案、章程、规范的集成。企业年金计划包括企业年金计划方案，但是超越企业年金计划方案。所有建立企业年金制度的企业，企业内部对企业年金管理的全部规范、章程、合同、制度、机构组织、资源配置、业务管理等，都必须而且可以纳入企业年金计划的设计。企业年金计划方案应当包括以下内容：

（一）参与人员范围

有些国家的法律规定，如果企业建立的是国家给予税收优惠的企业年金，则该企业的所有职工都有权参加该企业年金方案。如果企业建立的是不享受国家税收优惠的企业年金，则参加该年金计划的人由企业通过集体协商确定。我国的企业年金方案，明确授权企业通过集体协商确定参加人员范围，但是，

《企业年金试行办法》规定，企业年金方案适用于企业试用期满的员工。也就是说建立企业年金的企业中，只要试用期已届满的所有职工都有权参加企业年金方案。

（二）资金筹集方式

企业年金费用来自企业和职工双方的缴费，但具体的职工个人缴费比例、企业缴费比例等通过集体协商确定。

（三）职工企业年金个人账户管理方式

企业年金实行个人账户管理，企业年金方案可以就企业年金基金受托人、账户管理方式等事项通过集体协商做出规定。

（四）基金管理方式

企业年金的基金管理方式主要包括企业年金基金投资方向和方式等。

（五）计发办法和支付方式

领取企业年金待遇是职工参加企业年金计划的目的，因此企业年金待遇计发办法和支付方式必须经集体协商后，在集体合同中明确下来。

（六）支付企业年金待遇的条件

支付企业年金待遇的条件主要是关于职工领取企业年金待遇具体需要满足什么条件，例如服务期限、缴费年限等。

（七）组织管理和监督方式

组织管理和监督方式主要包括选择什么样的企业年金受托人（企业年金理事会还是法人受托机构）、对企业年金受托人的监督办法等方面的内容。

（八）中止缴费的条件

根据《企业年金试行办法》的规定，建立企业年金的企业必须具备相应的经济负担能力。在企业建立企业年金后，如果因经营等情况的变化，经济负担能力下降了，则可以中止企业年金方案的执行，中止缴费。但是，中止缴费的具体条件应当由企业年金方案来确定。

（九）双方约定的其他事项

企业年金方案是企业与其职工经集体协商签订的专项集体合同，只要双方协商一致且不违反有关法律、法规、规章及国家政策规定的内容都可以写入其中。

五、建立企业年金计划的程序

进行企业内部企业年金需求调查，设计企业年金方案，是企业年金计划的基础前提工作。《企业年金试行办法》规定，建立企业年金，应当由企业与工会或职工代表通过集体协商确定，并制定企业年金方案。国有及国有控股企业的企业年金方案草案应当提交职工大会或职工代表大会讨论通过。再结合《集体合同规定》中有关订立集体协商的程序规定，建立企业年金计划的主要程序为：

（一）按照法定程序产生集体协商代表

对职工一方的集体协商代表的产生，《集体合同规定》规定，职工一方的协商代表由本单位工会选派。未建立工会的，由本单位职工民主推荐，并经本单位半数以上职工同意。同时，职工一方的首席代表由本单位的工会主席担任。工会主席可以书面委托其他协商代表代理首席代表。工会主席空缺的，首席代表由工会主要负责人担任。未建立工会的，职工一方的首席代表从协商代表中民主推举产生；对用人单位一方集体协商代表的产生，《集体合同规定》规定，用人单位一方的协商代表，由用人单位法定代表人指派。同时，用人单位一方的首席代表由单位法定代表人担任或由其书面委托的其他管理人员担任。

（二）进行集体协商的准备工作

集体协商是一项复杂严肃的工作，必须进行认真仔细的准备。根据《集体合同规定》规定，协商代表在协商中应进行下列准备工作：

（1）熟悉与集体协商内容有关的法律、法规、规章和制度。在企业年金集体协商中，协商代表必须了解有关企业年金的法律、法规、规章等。

（2）了解与集体协商内容有关的情况和资料，收集用人单位和职工对协商意向所持的意见。在企业年金集体协商中，必须了解与企业年金有关的情况和资料，如企业的经济承受能力。收集职工和用人单位对企业年金所持的意见。

（3）拟订集体协商议题，集体协商议题可由提出一方起草，也可由双方指派代表共同起草。在企业年金集体协商中，就是拟订企业年金有关议题，如建立时间、待遇水平、参加人员、受托人、基金管理方式等。

（4）确定集体协商的时间、地点等事项。

（5）共同确定一名非协商代表担任集体协商记录员。

（三）召开集体协商会议

《集体合同规定》要求，进行集体协商一般应召开集体协商会议。集体协商会议由双方首席代表轮流主持，并按下列顺序进行：

（1）宣布议程和会议纪律。

（2）一方首席代表提出协商的具体内容和要求，另一方首席代表就对方的要求做出回应。

（3）协商双方就商谈事项发表各自意见，开展充分讨论。

（4）双方首席代表归纳意见。达成一致的，应当形成集体合同草案或专项集体合同草案，由双方首席代表签字。

（四）拟定企业年金方案草案

对经集体协商达成一致意见的内容，应以专项集体合同的形式确定下来。企业年金专项集体合同草案就是企业年金方案草案。

（五）企业年金方案草案提交职工代表大会或职工大会讨论通过

《集体合同规定》规定，经双方协商代表协商一致的集体合同草案或专项集体合同草案应当提交职工代表大会或者全体职工讨论。职工代表大会或者全体职工讨论集体合同草案或专项集体合同草案，应当有 2/3 以上职工代表或者职工出席，且须经全体职工代表半数以上或者全体职工半数以上同意，集体合同草案或专项集体合同草案方获通过。

《企业年金试行办法》规定，国有及国有控股企业的企业年金方案草案应当提交职工大会或职工代表大会讨论通过。

（六）报劳动保障行政部门进行合法审查

《集体合同规定》规定，集体合同或专项集体合同签订或变更后，应当自双方首席代表签字之日起 10 日内，由用人单位一方将文本一式三份报送劳动保障行政部门审查。劳动保障行政部门对报送的集体合同或专项集体合同应当办理登记手续。

《企业年金试行办法》规定，企业年金方案应当报送所在地区县以上地方人民政府劳动保障行政部门。中央所属大型企业年金方案，应当报送劳动保障部。劳动保障行政部门自收到企业年金方案文本之日起 15 日内未提出异议的，企业年金方案即行生效。

六、企业年金计划在企业年金管理中的地位

企业年金计划是全部企业年金运营的源头、基础、前提、依据。企业年金计划的设计、决策、管理权在企业和职工。

从一开始，企业年金计划的设计和筹资就是十分重要和复杂的。应该引起高层决策者的重视。董事会、执行官、高级经理、财务和人力资源、工会和职代会必须担负起企业年金计划的领导职责和组织管理职责。

建立企业年金制度，需要企业内部人事、财务、工会、法规等部门共同参与、协调配合。企业年金的建立，是一个很大的系统工程，它需要多个部门的共同参与。企业领导负责统筹规划，协调管理，决策管理。人力资源部门负责确定计划参加人的资格、名单、加入和退出的条件，企业缴费和个人缴费的比例测算，年金待遇支付管理等。财务部门（含财务公司）负责账户的管理，缴费的划款方式，年金待遇支付，财产的管理，投资管理等。法律部门负责合同体系的建立、管理规则的拟定等。工会负责集体协商，职工代表大会的组织与召开等。企业年金计划的建立，需要各相关部门协调配合，成立由相关部门参与的有关组织机构，切实履行组织机构的职责。

企业年金计划是企业进行企业年金管理的"宪法"：在企业内部，有关企业年金计划的全部规章、制度、业务流程、机构设置等，都可以归到企业年金计划里。企业年金计划集中了企业、全体职工在企业年金上的全部意志，是企业内部企业年金管理的"宪法"。企业年金计划一旦建立，企业年金管理相关内部机构、人员、制度、人财物配备；企业外部机构选择、评估、监督；等

等，都必须遵从企业年金计划的要求。

企业年金计划是企业管理层、全体职工在本公司企业年金方面全部意志的集中表达。企业年金计划必须通过企业职工代表大会或者企业职工大会讨论通过，企业年金方案必须反映企业和职工在企业年金上的全体意志。企业年金理事会必须由企业法人代表或者其指定代表参加，同时必须按照规定要求企业职工代表参加。企业年金方案一旦经职代会通过，即具有法律效力，是企业集体合同的一部分。

企业内部企业年金全部规范建立的依据：企业内部建立和完善企业年金制度，无论是设立企业年金管理机构，还是配备企业年金管理人员，以及建立企业年金的所有制度、章程、规范等，都必须依据企业年金计划作出。

企业年金计划是企业管理企业年金组织机构设置、资源配备的依据。企业年金计划一旦建立，企业必须设计相应的组织机构如企业年金理事会、企业年金管理中心等。同时，企业必须安排相应的人力资源，办公设施，财务费用等，保证企业年金计划的运行和企业年金的管理需要。

企业年金计划是企业与运营机构全部合同的基础。企业年金计划的运行，涉及大量内外合同的拟订和签署。拟订和签署企业年金受托合同、企业年金托管合同、企业年金账户管理合同、企业年金投资管理合同、企业年金顾问合同，都必须遵从企业年金计划的要求。

企业年金计划是企业招标、评估选择企业年金基金受托人、账户管理人、托管人、投资管理人的依据。企业决策企业年金运营，按照新的企业年金法规，企业必须选择相应的有资格的企业年金运营机构。企业招标、评估、选择、监督运营机构的依据，首先是企业年金计划的要求。

企业年金计划决定企业年金基金投资管理的策略、机构。企业年金计划运行的一个关键是投资管理。新的企业年金制度的重要创新在于赋予企业年金计划合法的市场化投资的机会。这给企业年金赋予了超越基本养老保险更大的保值增值制度条件。企业年金基金投资管理的关键：一是选择、评估、监督企业年金投资管理人；二是确定企业年金基金投资政策暨企业年金基金投资战略资产配置；三是确定企业年金基金投资业绩评估的业绩基准。这三个方面，对于企业年金基金投资管理至关重要。企业年金计划的最终利益贡献在于为职工通过更多的退休养老储备。提高企业年金计划的缴费率，无疑将加大企业的负担、职工的缴费负担。而提高企业年金基金的投资业绩，是在不增加企业和职工负担的前提下，通过有效的企业年金基金投资运作，实现企业年金基金的增值。企业年金基金的投资业绩，80%来自委托人（企业和职工）的战略资产配置决策，20%来自企业年金基金投资管理人的战术资产配置和投资执行管理。无论是选择投资管理机构，还是确定企业年金基金投资战略资产配置，抑或是确定企业年金基金投资管理业绩基准，这些关键问题，必须而且可以由企业年金计划作出科学、规范的安排。

第二节　企业年金单一计划与集合计划

一、单一计划与集合计划的界定

企业年金单一计划指受托人将单个委托人交付的企业年金基金，单独进行受托管理的企业年金计划。企业年金制度实行初期，为迅速提升企业年金管理机构业务规模和市场份额，各家获得资格的管理人主要以大客户为目标市场，为其建立单一的年金计划，提供量身定制的个性化服务。单一计划由委托企业发起，根据企业情况选择受托管理人、账户管理人、托管人和投资管理人等运营管理机构。

企业年金集合计划指同一受托人将多个委托人交付的企业年金基金，集中进行受托管理的企业年金计划。法人受托机构设立集合计划，应当制定集合计划受托管理合同，为每个集合计划确定账户管理人、托管人各1名，投资管理人至少3名；并分别与其签订委托管理合同。集合计划受托人应当将制定的集合计划受托管理合同、签订的委托管理合同以及该集合计划的投资组合说明书报人力资源社会保障部门备案。为了简化企业年金计划的运作流程，降低运作成本，解决市场上普遍存在的中小企业年金计划管理和服务的规模经济问题，为中小企业提供优质的企业年金集合计划服务，是各管理机构业务拓展的又一方向。

一个企业年金方案的委托人只能建立一个企业年金单一计划或者参加一个企业年金集合计划。委托人加入集合计划满3年后，方可根据受托管理合同规定选择退出集合计划。

二、企业年金集合计划

我国目前企业年金基金的存量当中，80%以上的年金基金资产集中在大型行业、区域、集团企业年金集合计划中。研究、规范、促进企业年金集合计划，对于企业年金市场健康、积极发展具有突出的理论意义和现实意义。

（一）企业年金集合计划的中国实践

企业年金集合计划在国内的实践，与我国企业补充养老保险的试点、发展同步。迄今为止，其参与集合性计划的人数、积累规模等，在全国企业补充养老保险的存量构成当中，都远远大于所有单个企业的企业年金计划的总量规模。

我国最早建立企业年金（当时称企业补充保险）可以追溯到1986年，当时铁道、电力、邮电、水利和中建总公司5个行业和单位先后开始实行养老保险行业统筹；到1993年，又有交通、煤炭和银行等6个行业开始实行行业统筹；到2003年底，企业年金积累总量已增至350亿元，近700万人参加了企业年金计划；到2004年底，全国已有22000家企业建立了企业年金，积累高达500多亿元；据最新的统计，截至2014年第一季度，全国已有68324家企业建立了企业年金，积累高达6306亿元。据目前最新估计，从资产分布来看，行业积累几乎占积累总额的3/4即76.6%；从人数覆盖来分析，在全国700万参加者中，其中71.6%来自行业；从行业内部来看，电力、石油、石化、民航、电信、邮政、铁道等行业明显高于其他行业，其中，中央大型企业是企业年金计划的主要参与者，参加职工人数占总量的68%，远远高于全国5%的平均水平，并且，基金数额占总量的69%。

上海、深圳在企业补充养老保险的政策和区域经济需求的支持下，分别成立了上海企业年金管理中心和深圳企业年金管理中心，按照企业补充养老保险的政策规则，面向所在区域多个企业，积累和管理了一定规模的企业年金基金。

与此同时，一些企业集团，也以集团为单位，进行了集团性企业补充养老计划的实践。

经过多年的实践，我国行业、区域、集团性集合企业补充养老保险计划得到了一定的发展，积累了一定规模。尤其是在实践中，不但支持了所在行业、区域、集团的劳动、人事、薪酬、福利制度的改革和企业的发展，而且积累了大量的企业年金的管理、运营、监督的经验和教训，为中国规范化发展企业年金提供了宝贵的经验。实际上，我国现行企业年金法规和政策，是大量借鉴、吸收、反映了国内这些集合型企业年金计划实践的经验而制定出来的。

（二）企业年金集合计划的经济效应

企业年金集合计划具有很强的生命力，这在国内外的实践中都得到了检验。企业年金集合计划所以能够迅速发展，得到法律的支持和认可，受到企业、职工、运营机构、监管部门的欢迎，关键原因是企业年金集合计划具有符合经济本质规律的经济效应：规模经济效应和正外部经济效应。与单个企业的企业年金计划相比，具有独特的优势和内在的经济价值。

1. 规模经济

规模效应的本质就是规模经济，是由于规模的扩大导致长期平均成本的降低和经济效率与收益的提高。相比于单个企业的企业年金计划，规模经济是企业年金集合计划具有独特生命力的根本，是企业年金集合计划所有其他独特的经济效应的基础。企业年金集合计划参与计划的成员企业众多，单个集合计划的参与人数一般比单个企业的计划参与职工人数多得多，企业年金基金积累的规模也远远大于单个企业的企业年金计划。即使是大中型企业，建立企业年金集合计划，可以产生更大的规模经济效应，这是我国如电力年金等大型企业集合年金产生、发展的本质原因和原始推动力。

对于企业年金集合计划本身来说，由于其规模优势，本身的管理成本因此大幅度降低，导致企业年金集合计划的收益提高和效率提高。企业年金集合计划因为其较大的规模基础，势必要求配套的集合管理机构承担具体的事务管理职能。有专业的集合管理机构，可以配置专业的人员、技术、设施，从而实现专业化管理，避免小规模单个企业年金计划因为规模小而无法实现专业化管理的弊端，取得专业化基础上的效率提高和效益提高。从而实现内部的管理规模经济。

对于企业年金集合计划的运营机构来说，规模经济也使运营机构取得规模经济。一般一个单独的企业年金计划的运作流程和规范基本相同，企业年金计划运营管理的固定成本很大，只有达到一定的规模，超过盈亏平衡点，运营机构才能实现企业年金基金管理的收益。分散地管理多个企业年金基金，运营机构因为重复投入而成本较大。多个企业集合建立企业年金计划，运营机构的管理成本大幅度降低，效益和效率相应提高。

无论是对于管理本身，还是对于企业集合年金计划的运营机构，规模经济的价值，最终都会为企业年金计划的受益人——企业职工所享有。而且，与单企业的企业年金计划相比，企业年金集合计划积累规模巨大，从而提升了企业年金集合计划管理的市场谈判地位。企业年金集合计划可以依据自身的规模优势地位，通过洽谈，降低计划的受托管理费、账户管理费、投资管理费用，从而提高集合企业年金基金参与人的收益。此外，随着金融投资的发展，很多投资渠道存在一定的投资规模"门槛"。企业年金集合计划因为其规模优势，可以获取一些小规模基金不可能投资的机会，从而提高集合企业年金基金的投资收益水平。

2. 外部经济

所谓"外部性"，是指经济行为当中的一种相互影响，这种影响不是通过价格体系直接影响到他人的经济环境或经济利益的，而是通过非市场价格形式将自己的个别厂商成本转嫁给他人或社会从而增加了社会成本，就是说该厂商的部分成本由他人或社会予以承担了，于是就产生了私人成本和社会成本、私人收益和社会收益的差异。外部效应分为正的外部效应和负的外部效应，又称外部经济和外部不经济。外部经济是指某个经济行为主体的行动使他人或社会受益，而受益者无须花费代价或者所费成本远远大于因为外部经济得到的收益。集合企业年金计划具有典型的正的外部经济效应。

对于参与集合企业年金计划的职工来说，参与集合计划的职工享受集合计划的外部经济效应。其一，共享集合计划的规模经济。由于集合企业年金计划集成的企业数量多、参与集合企业年金计划的人数多、积累的企业年金基金规模巨大，集合企业年金计划的参与成员共享集合计划的规模经济。其二，参与集合计划职工的同质性。集合企业年金计划一般面向特定的行业、区域、集团，在特定的行业或区域范围内，参与集合计划的职工在年龄结构、收入水平、消费水平、退休收入预期、缴费能力等方面，具有一定的同质特征。参与人即受益人的同质性，既有利于集合计划的建立、运行，也有利于保障集合计划对于参与职工的公平和效率预期的实现。其三，集合企业年金计划具有很好的便携性。集合企业年金计划一般规定，参与集合计划的职工在变换新的工作单位时，如果职工流动到集合计划内其他企业，该职工可以随身转移自己的企业年金，这样就有利于人才的健康流动。在欧美一些国家，甚至集合企业年金计划之间又达成各种协议，许可参与集合计划的职工可以携带、转移自己的企业年金基金到别的集合计划，更加增强了计划的便携性。

对于监管部门来说，监管部门由监管数个主体变为主要监管一个集成的主体，监管成本降低、监管效率提高、监管便利性大幅提高。

对于运营机构来说，管理运营集合企业年金计划，有利于运营机构实现规模经济，大幅度降低运营成本，提高运营管理的收益和便利性。

由于集合企业年金计划具有典型的"正外部性"，所以受到企业、职工、运营机构、监管部门的普遍欢迎。

3. 税收优惠效应

世界各国的企业年金实践说明，税收优惠是企业年金发展的一个重要动力。我国迄今为止没有出台全国性的企业年金优惠政策。但是，我国辽宁、吉林、黑龙江、河北、山西、浙江、安徽、山东等20多个省市分别出台了地方性的企业年金税收优惠政策。地方性的企业年金税收优惠政策，势必成为地方性、区域性集合企业年金计划发展的一大动力。在企业补充养老保险的发展期间，上海、深圳等地之所以取得了较大的发展，其中一大因素就是上海、深圳等地分别对企业补充养老保险给予了一定的税收优惠。随着越来越多的地方出台优惠的企业年金税收政策，区域性的集合企业年金计划也会受到税收激励而进一步发展。

（三）企业年金集合计划的治理结构

企业年金计划的治理结构，是以受托人为中心的一种治理结构。集合企业年金计划与单个企业年金计划的治理结构是同样的模式，也是在劳动社会保障部2004年颁发的第20号令《企业年金试行办法》和"一部三会"的《企业年金基金管理办法》的框架下，采取信托/委托、多方制衡的治理结构。在服从统一的企业年金政策法规的前提下，集合企业年金计划主要特征是多个企业参与同一个集合的企业年金计划。集合企业年金计划集中了所有参与集合计划的企业和职工的企业年金需求和预期。

集合企业年金计划只是现有企业年金政策法规框架下微观上的一种企业年金计划类型，集合企业年金计划必须完全遵守《信托法》、《合同法》、《劳动法》和现有企业年金政策法规。如果企业年金计划失去了上述合规性，它就失去了运行的前提。

目前我国行业性、集团性、区域性的集合企业年金计划，应该按照新的企业年金法规政策进行改造和完善。拟新设立的集合企业年金计划必须在现行企业年金政策法规框架下进行设计和运行。合规设计集合企业年金计划，传统的区域性、集团性、行业性集合企业年金计划仍然具有强大的发展生命力。新的集合企业年金计划只有在这样的设计思想指导下才能蓬勃发展，登上资本市场的历史舞台。集合企业年金计划有两种模式：一是理事会模式下的企业年金集合计划；二是法人受托模式下的企业年金集合计划即企业年金集合计划。

1. 理事会模式下的企业年金集合计划

《企业年金基金管理办法》规定，企业年金理事会由企业代表和职工代表等人员组成，企业年金理事会依法独立管理本企业的企业年金基金事务，不受企业方的干预，不得从事任何形式的营业性活动，不得从企业年金基金财产中提取管理费用。关于本企业的规定，一般认为，企业全资子公司、绝对控股或相对控股的子公司属于本企业的范畴，参股不控股但有实际控制关系的企业也应属于本企业的范畴。这是行业性、集团性集合企业年金计划设立的法律依据。在理事会受托模式下，行业性、集团性企业内部多个企业集合组建企业年金计划，可以组建集合企业年金理事会，以集合理事会的形式承担理事会受托职能。成员企业无须单独成立各自的企业年金理事会，各成员企业及其职工与集合理事会按照信托原理建立委托受托关系（见图4-1）。

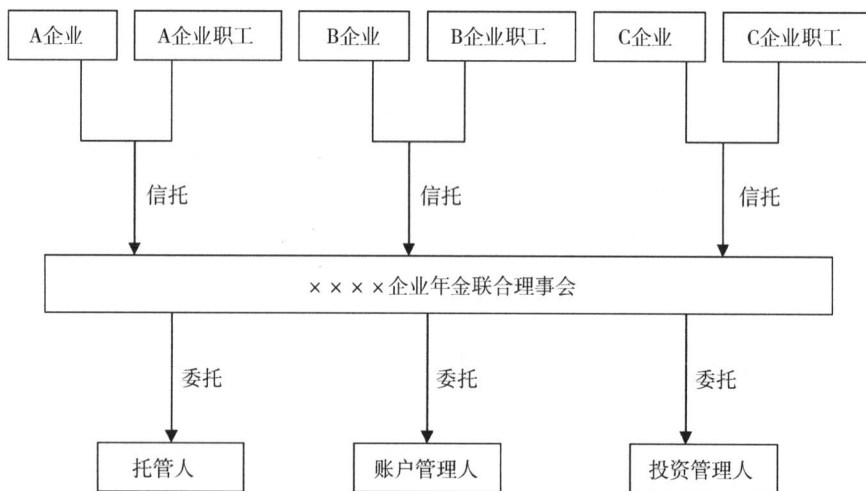

图4-1　理事会模式下的企业年金集合计划治理结构（一）

对于没有股权关系的多个企业集合建立企业年金计划，在理事会模式下，必然与企业年金法规规定企业年金理事会只能管理本企业的企业年金的规定相冲突。解决之道是在《信托法》、《合同法》和现行企业年金政策法规框架下，依法采取一层信托、两层委托—代理关系的模式（见图4-2）。

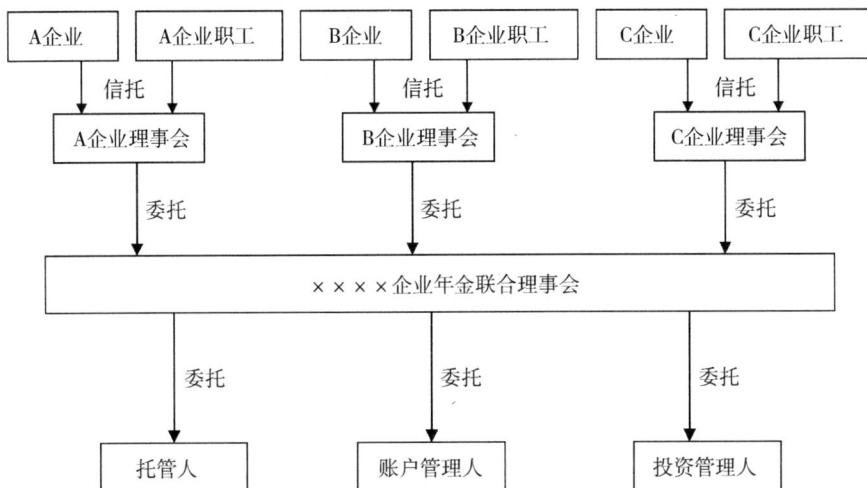

图4-2　理事会模式下的集合企业年金计划治理结构（二）

　　理事会受托模式下，集合企业年金计划和单个企业年金计划一样，可以采取单层信托的原则，建立理事会基础上的委托受托关系。信托是指委托人基于对受托人的信任，将其财产权委托给受托人，由受托人按委托人的意愿，以自己的名义，为受益人的利益或特定的目的，进行管理或者处分的行为。信托和委托—代理既有相同点，又有不同点。委托合同的当事人是委托人和受托人；信托合同的当事人是委托人、受托人、受益人三方。委托既可以受托人的名义，又可以委托人的名义办理受托事务；而信托是以受托人的名义办理信托事务，委托人不直接与第三人发生法律上的权利义务关系。信托设立时财产占有权转移到受托人手中，由受托人代为管理和处分。而委托、代理标的物的占有权始终由委托人或被代理人掌握，并不发生占有权的转移。信托的委托人、受益人通常只能要求受托人按照信托文件实施信托，受托人依据信托文件管理、处分信托财产，享有充分的自主权，委托人通常不得干预。委托—代理关系中，委托人可以随时向代理人发出指示，甚至改变主意，代理人应当服从。

　　根据《信托法》的规定，多层信托在法律上是行不通的。理事会受托模式下的集合企业年金计划，只能采取多层委托的法律关系。《信托法》规定，受托人应当自己处理信托事务，但信托文件另有规定或者有不得已事由的，可以委托他人代为处理（转受托）。受托人依法将信托事务委托他人代理的，应当对他人处理信托事务的行为承担责任。这就要求，受托人应当对因其依法转托代理而可能产生的责任负全部之责，转受托人并非信托关系的当事人，受托人与转受托人之间存在的是普通委托—代理关系。这就在法理上否定了多层次信托关系，但是并没有否定多层次委托—代理关系。根据《合同法》，经济主体可以依法对自己的事务采取多层次的委托—代理。

对于不具有产权关系的多个企业集合建立企业年金计划，理事会模式下的集合企业年金计划仍然是合法的信托—委托原则的治理结构。只是相比单个企业的企业年金计划，集合企业年金计划在委托受托环节是依据《信托法》的委托受托关系，而集合企业年金基金的运营，则多了一层委托—代理关系。

根据企业年金有关政策法规，理事会受托模式的企业年金计划，企业必须成立企业年金理事会，成为本企业的企业年金受托人。各企业的企业年金理事会在集合企业年金计划的框架下，共同组成企业年金集合理事会，统一接受各企业的企业年金理事会的委托，代理执行各企业年金理事会的受托职责。法律上，各企业的企业年金理事会仍然是本企业的企业年金计划的受托人，企业年金集合理事会，只是各企业年金理事会职责的代理机构。

2. 法人受托模式下的集合企业年金计划治理结构

法人受托模式下的集合企业年金计划，实际上是一种集合信托计划。在该模式下，受托人仍然处于核心位置。法人受托机构建立标准化的集合受托计划，由多个企业参与集合计划。参与集合计划的成员企业，都必须接受法人受托人统一制订的集合企业年金计划（见图4-3）。

与单个企业的企业年金法人受托模式相比，集合计划法人受托，是一种标准计划。一个法人受托人，接受多个企业及其职工的信托。香港强积金当中的集成信托计划（Master Trust Schemes），对超过1名雇主的有关雇员、自雇者以及将累积计算的权益由另一计划转移至此计划的成员开放。这类计划是把小型单位雇主的缴费集合起来管理和投资，以规模经济取得更高的效率，特别适合中小型公司。

目前，我国《企业年金基金管理办法》确立的企业年金集合计划，是指法人受托设立的企业年金集合计划。

（四）企业年金计划管理合同指引

为规范企业年金市场运行秩序，提高企业年金管理效率，进一步明确相关

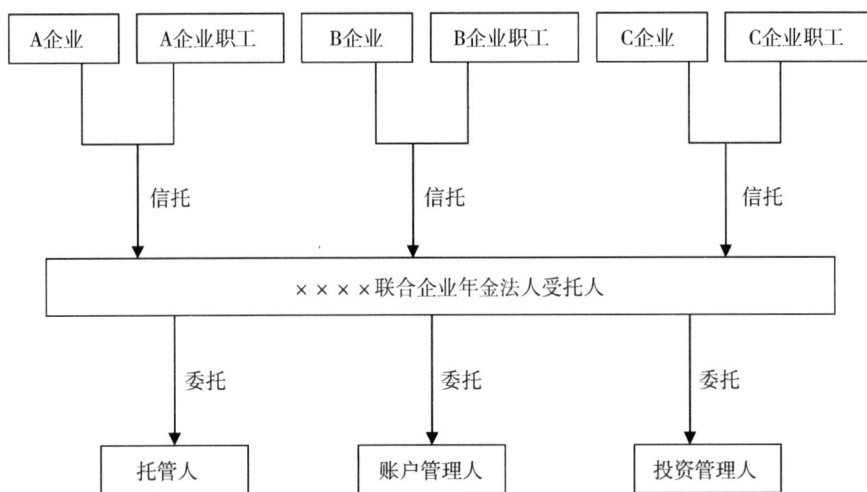

图4-3　法人受托模式下的集合企业年金计划治理结构

当事人的权利义务，维护各方利益，根据《企业年金基金管理办法》及有关规定，人力资源和社会保障部于2012年3月15日颁布制定了企业年金计划管理合同指引。

此次公布的企业年金计划管理合同指引适用于法人受托模式单一计划，理事会受托模式单一计划及集合计划的管理合同主体条款可参照执行。

1. 合同指引的使用

根据人社部颁布的《关于印发企业年金计划管理合同指引的通知》（以下简称《通知》），如果受托人兼任账户管理人或投资管理人的，账户管理或投资管理内容在受托管理合同账户管理补充条款或投资管理补充条款中进行列示。此外，《通知》明确合同指引主体内容原则上不得变更，若有个性化需求，受托人需在合同报备时书面说明。

2. 企业年金计划管理合同报备

按照《企业年金基金管理办法》的规定，受托人应当将受托管理合同和委托管理合同报人力资源社会保障行政部门备案。《通知》进一步强调受托人要按照规定履行报备手续，并明确严禁在正常报备的合同之外签订补充协议。此外，《通知》明确发生企业年金计划名称变更、更换管理人、调整管理费率、改变合同主要内容等情况，受托人应按照合同指引要求重新报备；管理合同到期顺延或续签，若合同条款无变更，受托人可仅报送合同顺延或续签情况说明的函。上述关于报备的情形以及报备的主体，在各合同指引的相关条款中也有明确的规定。

3. 企业年金计划管理合同审核

《通知》要求各地人力资源社会保障部门要严格按照有关政策规定、行业自律公约及本合同指引审核报备的管理合同。管理合同到期或变更后，受托人不及时履行报备手续的，人力资源社会保障部门应进行监管提示，提示后在规定时间内仍不报备的，向人力资源社会保障部报告，人力资源社会保障部依据《企业年金基金管理办法》进行查处。

第三节　企业年金 DC 模式和 DB 模式

按企业年金计划缴费和支付的特点，企业年金可以分为待遇确定型企业年金计划（Defined Benefit, DB）、缴费确定型企业年金计划（Defined Contribution, DC）或二者混合的混合企业年金计划（见表4-1）。

表4-1　企业养老金模式比较

类型	待遇确定型企业年金计划型（Defined Benefit, DB）	缴费确定型企业年金计划型（Defined Contribution, DC）
筹资方式	根据员工退休时的工资水平和工作年限确定其养老金支付额，再根据对所有员工未来养老金支付额的预测，来确定各年的筹资额	为参加计划的职工设立个人账户，企业和员工的缴费均存入员工个人账户，养老金根据员工退休时个人账户的积累额发放
支付方式	通常按联合生命年金的方式支付，即养老金通常支付到退休员工及其配偶死亡为止	员工退休时可以一次性支取，也可以分期支取，直至个人账户余额为零
投资风险承担	雇主	员工

缴费确定型企业年金计划，又称 DC 计划，即 Defined Contribution Plans，是按计划所规定的公式要求，企业雇主和企业雇员共同向计划缴纳固定的缴费，计划必须为每一个计划参加人设立一个个人账户，对雇主和计划参与者向该账户所缴纳的缴费及其投资收益或损失做准确的记录。每一个计划参与者在其退休时所获得的退休金的数额，根据该计划参与人个人账户中所积累的缴费

及其投资收益确定。美国缴费确定型企业年金计划的种类很多，包括 401（K）计划、403（B）计划、457 计划、利润分享计划、股票红利计划、员工持股计划等。缴费确定型企业年金计划，其缴费由企业和雇员共同缴费，减轻了企业的缴费负担。该计划为每个计划参与人设立了个人账户，参与人个人可以做出投资决策，个人账户对参与者个人公开，激发了员工个人参与企业年金的积极性。同时，缴费确定型企业年金计划一般投资于金融资本市场特别是较大份额的资产投资于股票市场，在长期里为企业年金带来了巨大的投资收益，受企业和雇员积极欢迎。在 DC 计划中，计划发起人或受托人不承担企业年金计划中的投资风险，计划的权益由基金积累额和投资收益决定而不预先确定，治理的主要问题是委托—代理问题、缴费和受益的及时支付问题、基金资产的管理问题（包括绩效测算和评估）、向监管机构报告以及向计划参与者披露相关信息等问题。如美国的 401（K）计划、中国的企业年金制度，就是 DC 型的企业养老金计划。我国《企业年金试行办法》规定，企业年金基金实行完全积累，采用个人账户方式进行管理。可见，我国企业年金实质是企业和职工共同缴费的 DC 计划。

待遇确定型企业年金计划，又称 DB 计划，即 Defined Benefit Plans，其缴费完全是由主办计划的企业雇主来承担，员工通常不需要缴费，退休金全部由企业负担。待遇确定型企业年金计划作为最早的退休金计划，它的设计思路是为了吸引和留住人才。它通常要求员工在企业工作到一定年限（通常为 35 年以上）后，才可以退休并领取退休金。工作年限越长，领取的退休金越高。待遇确定型企业年金计划，基金的投资决策权完全由企业主办人掌握，企业必须为基金资产的投资承担全部风险，提供最低投资收益率或年金化收益率的担保，或者保证给付一定比例的工资替代率，或者保证一定的退休受益。DB 企业年金计划存在各种担保形式，对计划提出了附加的治理问题，要求更严格的内部控制和监督，以保证计划的偿付能力。为了保证待遇确定型企业年金计划的顺利实施，美国政府规定建立养老金收益担保公司。所有参加待遇确定型养老计划的公司都要向养老金收益担保公司缴纳保险费。当养老基金发生财务困难或企业破产时，由养老金收益担保公司向退休人员支付养老金[1]。

在企业年金发展的早期，企业年金计划以待遇确定型为主。随着企业年金的发展，缴费确定型企业年金计划逐步成为企业年金计划的主流模式（见表4-2）。

---

[1] 刘钧：《美国企业年金计划的运作及其对我国的启示》，《中央财经大学学报》2002 年第 9 期。

表4-2 2004年OECD国家DB与DC职业年金计划资产比较（占总资产%）

单位:%

OECD国家	DC计划占比重	DB计划占比重
澳大利亚	83	17
奥地利	75	25
比利时	25	75
加拿大	7	93
丹麦	97	3
芬兰	0	100
德国	0	100
希腊	50	50
冰岛	82	18
爱尔兰	98	2
意大利	75	25
日本	1	99
韩国	0	100
荷兰	9	91
新西兰	52	48
挪威	0	100
葡萄牙	2	98
西班牙	97	3
瑞典	5	95
英国	22	78
美国	35	65

资料来源：OECD, Global Pension Statistics, Various Sources and OECD Staff Estimates.

　　DC型完全积累制是发达国家企业年金计划发展和变革的趋势，对包括拉美国家和东欧转型国家在内的很多发展中国家都具有吸引力，也是适合中国国情的现实选择。与DB型相比，DC型具有很多方面的优越性，如有利于控制企业福利支出，符合企业竞争力要求；不需要国家担保，不会给政府造成财政负担；促进劳动力市场流动；推动金融深化、促进社会长期投资的效应[1]等

---

①　郑秉文：《中国企业年金何去何从》，《中国人口科学》2006年第2期（总第113期）。

等。DB 计划具有福利刚性和激励提前退休的效应，随着人口预期寿命的上升，DB 计划养老金支出不断增加，缴费负担不断提高；而 DC 计划不受人口老龄化影响，缴费水平可以保持稳定，并且 DC 型具有精算公平性，职工退休收入取决于缴费水平和年限，可以激励职工多工作多缴费。在人口老龄化和全球化竞争面前，DB 计划日益上升的缴费负担使得一些巨型跨国公司也难以承受。

第四节　企业年金方案和合同管理

一、企业年金方案和基金管理合同备案的报送

（1）企业建立企业年金，应根据《企业年金试行办法》、《企业年金基金管理办法》及国家有关规定，结合自身的经济状况和发展战略拟订企业年金方案草案，并由集体协商双方首席代表签字后，形成拟报备案的企业年金方案。

（2）企业应将企业年金方案报送所在社会保险统筹地区县以上地方人民政府人力资源和社会保障行政部门备案。其中中央企业的企业年金方案，由集团公司统一建立的报送人力资源和社会保障部备案，并抄送子公司所在社会保险统筹地区人力资源和社会保障行政部门；由子公司单独建立的报送所在社会保险统筹地区县以上地方人民政府人力资源和社会保障行政部门备案。

（3）企业可以按企业年金方案的规定，代表集体协商双方作为委托人，或由企业及其职工作为委托人，与法人受托机构或企业年金理事会签订受托管理合同。

（4）受托管理合同签订后，受托人应将受托管理合同及与账户管理人、托管人和投资管理人签订的委托管理合同报送人力资源和社会保障行政部门备案。其中：委托人为中央企业集团公司的，报送人力资源和社会保障部备案，并抄送子公司所在省或计划单列市人力资源和社会保障行政部门；委托人为其他企业的（包括中央企业子公司），报送企业年金方案备案所在地省级或计划单列市人力资源和社会保障行政部门备案。

（5）集合企业年金计划应报送人力资源和社会保障行政部门备案，具体

办法另行制定。

（6）法人受托机构兼任账户管理人或投资管理人的，有关委托管理合同的内容可包括在受托管理合同中，并按第（4）款规定的办法报送人力资源和社会保障行政部门备案。

二、企业年金方案和基金管理合同备案的材料

（一）企业年金方案备案所需材料

（1）《关于××公司企业年金方案备案的函》。

（2）企业年金方案。报送文本一式六份，其中一份为原件。

（3）集体协商双方通过企业年金方案草案的决议。

（4）企业年金方案重要条款的说明。

（5）企业本年度和上一年度依法参加基本养老保险并按时足额缴费的证明。

（二）企业年金基金管理合同备案所需材料

（1）《关于××公司企业年金基金管理合同备案的函》。

（2）××公司企业年金计划受托管理合同和委托管理合同。

（3）人力资源和社会保障行政部门出具的《关于××公司企业年金方案备案的复函》。

（4）法人受托机构、账户管理人、托管人和投资管理人资格证书复印件；理事会章程，理事会组成人员名单及其简历等。

三、企业年金方案和基金管理合同备案的受理

企业年金方案是经企业与职工民主协商建立的专项集体合同，应当自双方首席代表签字之日起10日内，由企业代表集体协商双方将企业年金方案文本报送人力资源和社会保障行政部门备案。人力资源和社会保障行政部门主要审查企业年金方案是否符合《企业年金试行办法》、《企业年金基金管理办法》及其他国家有关规定。人力资源和社会保障行政部门应在收到符合规定的企业年金方案文本起15日内，向企业出具《关于××公司企业年金方案备案的复

函》。企业年金方案经集体协商后作出调整的，企业应自变化发生之日起 10 日内重新履行备案程序。

企业年金基金管理合同签订之日起 10 日内，由受托人将企业年金基金管理合同文本报送人力资源和社会保障行政部门备案。人力资源和社会保障行政部门于收到符合规定的企业年金基金管理合同备案文本之日起 15 日内，向备案受托人出具《关于××公司企业年金计划确认函》，给予企业年金计划登记号。企业年金计划登记号为 12 位数字代码，前 6 位为 GB/T 2260—1999。

中华人民共和国行政区划代码规定的企业所在地行政区划代码，后 6 位为本省级人力资源和社会保障行政部门通过备案的顺序号。在执行过程中，企业年金基金管理合同主体条款有调整或基金管理合同发生变更，受托人应自变化发生之日起 15 日内重新履行备案程序。

四、企业年金方案和基金管理合同备案的监管

企业年金是我国多层次养老保险体系的重要组成部分。符合建立企业年金条件的企业，要本着积极稳妥、量力而行的原则，按照《企业年金试行办法》、《企业年金基金管理办法》的规定，建立规范的企业年金制度，做好企业年金方案和基金管理合同的备案工作。原来已建立补充养老保险的企业，要对原有的方案和基金管理合同，按国家规定进行修订并补办备案手续。对违反有关规定的，人力资源和社会保障行政部门予以查处。

人力资源和社会保障行政部门要加强对企业年金方案和基金管理合同备案的监督管理。受理企业年金方案和基金管理合同备案的人力资源和社会保障行政部门，要认真填写《企业年金方案和基金管理合同备案情况登记表》；省级和计划单列市人力资源和社会保障行政部门，要认真做好数据汇总工作，根据企业年金方案和基金管理合同备案情况，填写《企业年金方案和基金管理合同备案情况统计表》，于每季度结束后 10 日内报送人力资源和社会保障部养老保险司和基金监督司。

第五章　企业年金基金的运营模式

第一节　企业年金基金管理模式选择

一、企业年金基金管理模式

世界各国在企业年金的法律基础、参与主体和治理结构等方面存在很大的差异，其管理模式也呈现多样性。世界主要国家的企业补充性养老金计划（即企业年金）分为两大类：一是法律实体形式；二是合同形式。绝大多数企业年金的治理主体通过建立委托—代理关系，将除了监督运作以外的其他职责包括投资管理、托管和账户管理等，对外委托给外部专业机构办理。如美国AT&T公司的企业年金委托的外部投资管理人达120家之多。

国外企业年金基金的管理模式主要有"捆绑式"、"分拆式"、"联合式"三类。

所谓"捆绑式"，即企业选择一家专业机构为其提供"一站式"服务。年金计划设计、受托管理、账户管理、基金托管、投资管理等均由一个机构承担。其最大优点是企业年金要负担的总体费用较低、运营成本较低；弱点是机构的相互制衡较弱，存在关联操作可能。所谓"分拆式"，即企业通过不同的专业机构获得相应的专业服务。受托管理、账户管理、基金托管、投资管理等由不同的机构承担，不同机构承担不同的服务内容和机构职责。其优点是企业能充分发挥不同机构的专业优势，因此获得较多选择并享受竞争带来的利益。弱点是管理分散、运营成本和费用相对较高。所谓"联合式"是介于"捆绑式"和"分拆式"之间的管理模式，即企业选择一个专业机构联盟实现为企业年金基金提供完整的服务。

在成熟市场，在年金计划设计、账户管理、基金托管、投资管理及企业员工教育等领域，都形成了大量的专业服务机构。这些机构依据成熟的法规体系和市场规则发挥各自优势，开展有序、良性的竞争和有效合作，为企业年金基金管理提供制度保障和坚实的分工基础，企业可以获得充分的灵活度，选择最适合的管理模式，保障基金资产安全、降低基金运营成本，提高企业年金基金的管理绩效。基于制度约束和委托人的成本收益预期，企业年金基金的规模和成本因素是企业选择管理模式的直接决定因素。在充分发挥专业分工的基础上，捆绑式和联合式管理模式，成为国外企业年金基金管理模式的主流模式。

二、规范和创新企业年金基金管理模式

根据企业年金基金管理法规和企业及其职工的选择，考虑企业年金基金运作模式的法律关系、主体职责、适用环境、特点，规范和创新企业年金基金模式，为企业和市场参与者提供可参考和选择的合法、合规范例是非常必要的。明确法人受托机构或理事会受托人的法律义务与责任，解决权力与责任不对等问题，更有效地防止企业挪用年金基金，保护受益职工的合法权益。引入托管人制度，使企业年金基金财产和企业固有财产、受托人固有财产、托管人固有财产以及其他财产分离，并由托管人负责年金基金财产的安全保管，有效保障年金基金财产的安全性。

受托人、账户管理人、托管人、投资管理人和其他为企业年金基金管理提供服务的自然人、法人或者其他组织相互制约、相互监督、分权制衡，既保障基金资产的安全，又充分发挥各自专业能力实现基金保值增值，还必须恪尽职守，履行诚实、信用、谨慎、勤勉的义务。

第二节　企业年金运作流程

一、企业年金运作总体流程

企业年金计划的运作流程，涉及供款征缴、投资运营、待遇支付、报告等

多个运作环节。企业年金运作流程适用于企业年金计划的委托人及从事企业年金基金管理的受托人、账户管理人、托管人和投资管理人。其总体运营流程如图 5-1 所示。

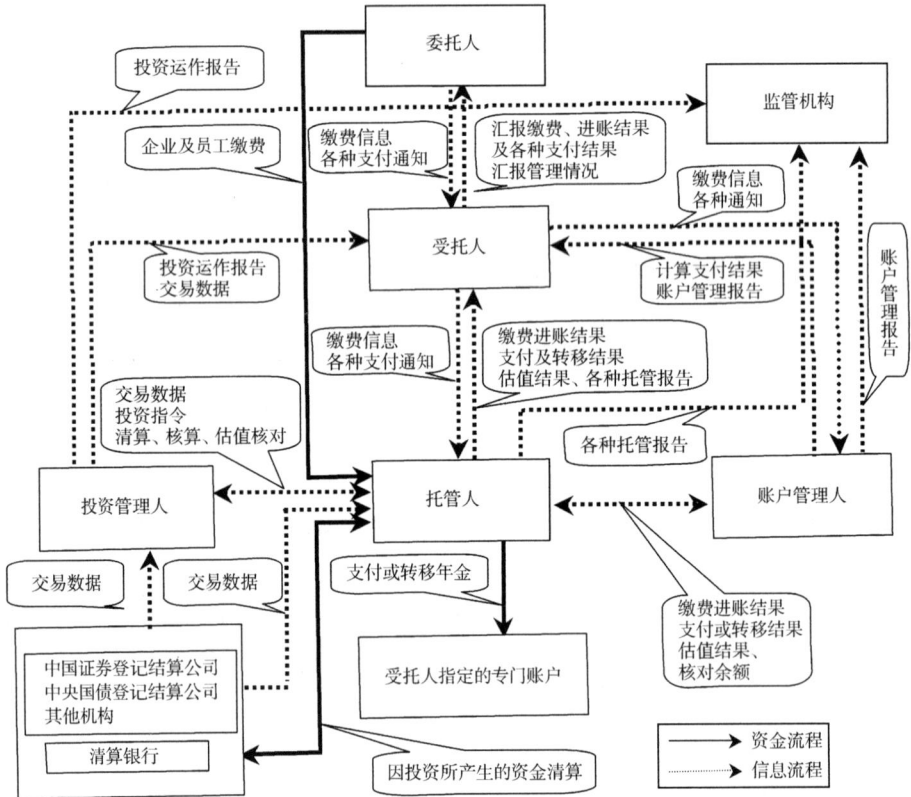

图 5-1　企业年金基金的总体运营流程

二、企业年金基金管理各环节运作流程

(一) 企业年金计划规则设置和建立账户

委托人应按受托管理合同规定,将企业年金计划信息、企业账户信息和个人账户信息提交受托人,受托人确认后提交账户管理人。委托人也可按受托管

理合同规定，将企业账户信息和个人账户信息提交受托人委托的账户管理人，账户管理人对提交信息的真实性、合法性和完整性进行审核，审核无误后通知受托人（见图5-2）。

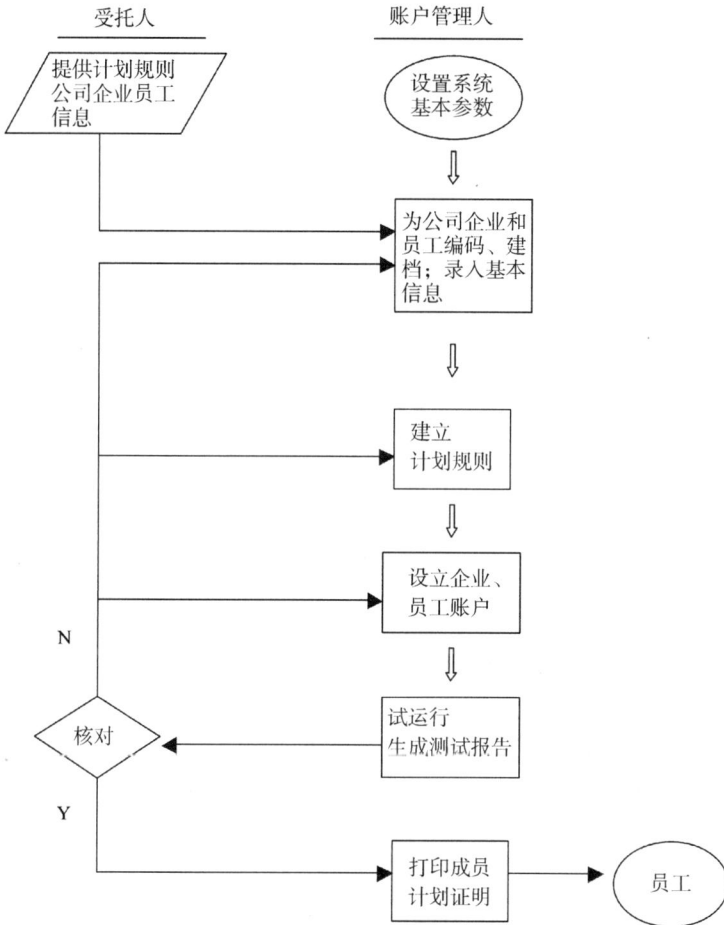

图5-2 计划规则设置及建立账户流程

账户管理人应为企业年金基金建立独立的企业账户和个人账户，并及时记录企业年金计划信息、企业账户信息和个人账户信息。

（二）企业年金计划规则变更

企业年金计划信息、企业账户信息或个人账户信息变更时，委托人应按受托管理合同规定，将变更信息提交受托人，受托人确认后提交账户管理人。企业账户信息或个人账户信息变更时，委托人也可按受托管理合同规定，将变更信息提交受托人委托的账户管理人，账户管理人对变更信息的真实性、合法性和完整性进行审核，审核无误后通知受托人。账户管理人应按变更信息调整账户记录（见图5-3）。

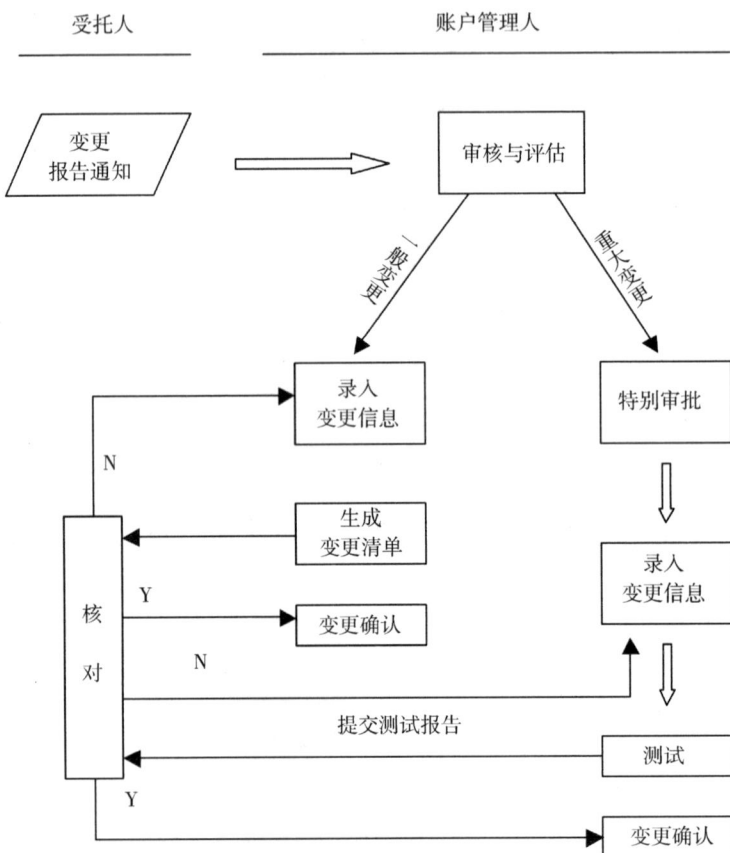

图5-3　计划规则变更流程

（三）企业年金缴费流程

账户管理人应按账户管理合同规定，在企业年金计划规定缴费日前，根据企业年金计划及委托人提供的缴费信息，生成缴费账单，提交委托人和受托人确认。受托人应向托管人发送缴费收账通知（见图 5-4）。

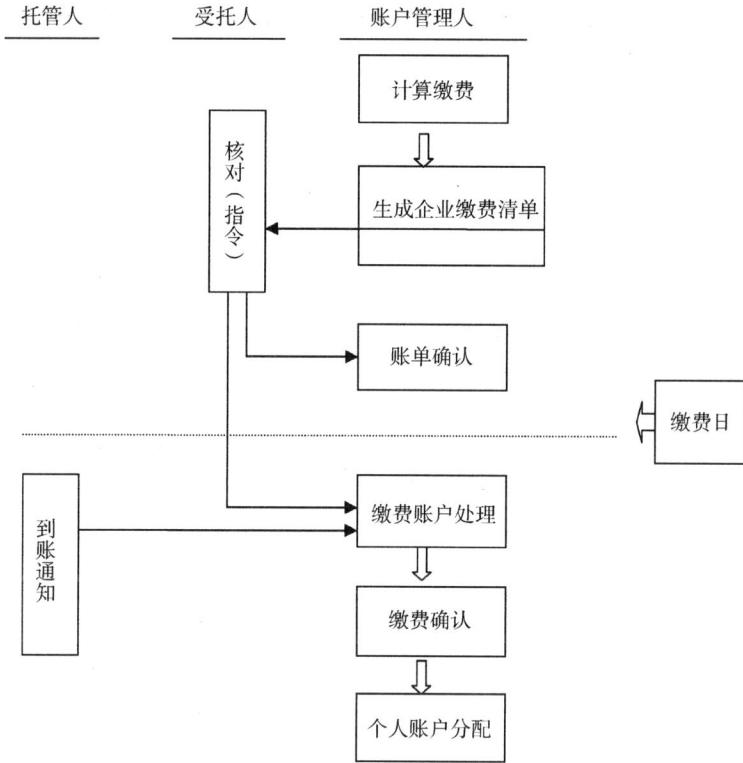

图 5-4　缴费流程

托管人应为托管的每个企业年金计划分别开设受托财产托管账户，用于企业年金基金的归集和支付。委托人应在计划规定缴费日，将企业缴费和个人缴费划入托管人开设的受托财产托管账户，并通知受托人和账户管理人。

托管人应按缴费收账通知核对实收缴费金额。核对一致时，托管人将缴费资金到账情况通知受托人和账户管理人，账户管理人将缴费信息记入企业账户和个人账户。核对不一致，实收缴费金额多于缴费收账通知的应收缴费时，托管人应通知受托人，根据受托人指令进行超额缴费处理，并将处理结果通知受托人和账户管理人；实收缴费金额少于缴费收账通知的应收缴费时，托管人应通知受托人，受托人通知委托人补缴。

（四）企业年金托管流程

托管人应为托管的企业年金基金分别开设资金账户和证券账户，并负责所托管企业年金基金的资金清算与交收。托管人应为所托管企业年金基金的投资管理人分别开设投资管理风险准备金账户，专项用于弥补企业年金基金的投资亏损。

受托人、托管人和投资管理人应就指令下达、确认和执行等程序达成一致。受托人和投资管理人应将发送指令的人员和权限通知托管人（见图5-5）。

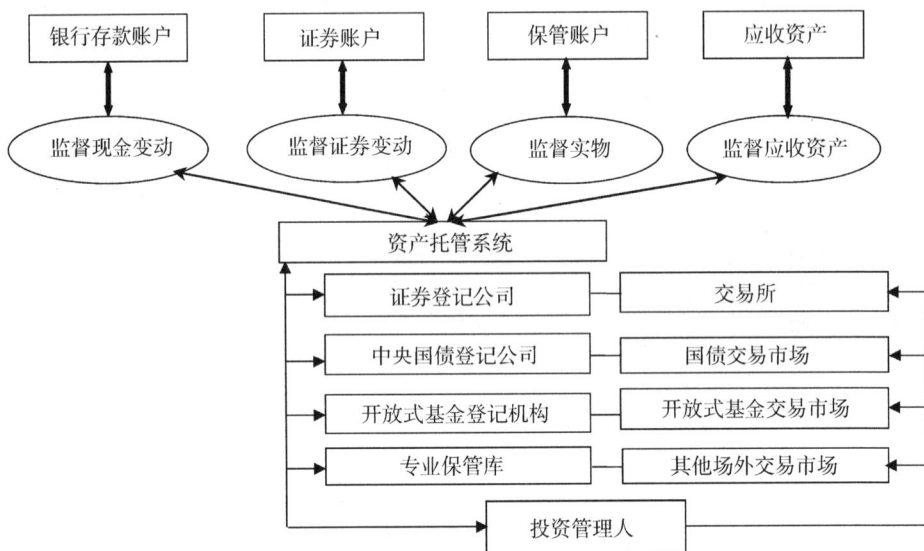

图5-5　托管流程

（五）企业年金投资运作流程

受托人应将企业年金基金的投资分配指令通知托管人和投资管理人。托管人应对受托人投资分配指令的真实性、合法性和完整性进行审核，及时将受托财产托管账户资金划入相应投资组合的资金账户，并将资金到账情况通知受托人和投资管理人（见图5-6）。

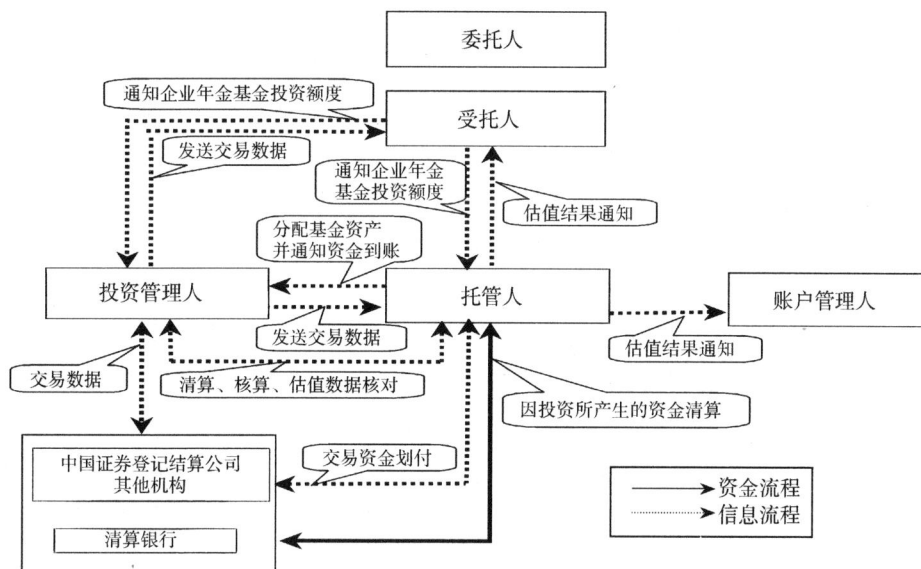

图5-6 投资运作流程

受托人调整投资管理人的投资额度时，应提前将调整方案通知托管人和投资管理人。托管人接到受托人划款指令后，应对指令的真实性、合法性和完整性进行审核，审核无误后及时划拨资金，并将资金划拨情况通知受托人和投资管理人。

托管人和投资管理人应分别及时从证券交易所和中国证券登记结算公司等机构获得企业年金基金证券交易结算数据。托管人和投资管理人核对无误后，托管人及时与中国证券登记结算公司办理企业年金基金的资金清算与交收。托管人和投资管理人按照全国银行间债券市场有关规定，办理企业年金基金投资银行间债券市场的债券买卖、回购业务和资金清算等事宜。

托管人和投资管理人应分别为企业年金基金投资组合独立建账、独立核算，并参照《证券投资基金会计核算办法》等规定，分别完成企业年金基金投资组合的会计核算与估值。托管人应复核、审查投资管理人计算的投资组合净值。托管人负责企业年金基金的会计核算，每个工作日对企业年金基金进行估值，并按托管合同规定，及时将企业年金基金财产净值、净值增长率或份额净值等会计核算结果发送受托人和账户管理人。

托管人和投资管理人应分别及时编制和核对企业年金基金投资组合的资产负债表、损益表、净值变动表及附注等会计报表，并由托管人报送受托人。托管人应及时编制企业年金基金财产的资产负债表、损益表、净值变动表及附注等会计报表，并报送受托人。投资管理人应定期出具企业年金基金投资组合的投资业绩和风险评估等投资管理报告，并报送受托人。

托管人应按照《企业年金基金管理办法》、托管合同及有关法律法规，对企业年金基金投资范围、投资比例、会计核算与估值、费用计提与支付以及收益分配等事项进行监督因证券市场波动、上市公司合并等客观因素造成的投资管理不符合《企业年金基金管理办法》规定比例或投资管理合同约定比例的，托管人应及时通知投资管理人并报告受托人，投资管理人应在合理期限内进行调整。

账户管理人应按《企业年金基金管理办法》及账户管理合同的规定，分配企业年金基金的投资收益。采取金额计量方式时，账户管理人应按托管人提供的收益分配日的企业年金基金财产净值和净值增长率及企业账户与个人账户期初余额，计算本期投资收益，并足额记入企业账户和个人账户。采取份额计量方式时，账户管理人应记录托管人提供的收益分配日的企业年金基金份额净值。

托管人接到受托人下达的费用支付指令、投资管理人下达的交易指令后，应对指令的真实性、合法性和完整性进行审核，审核无误后予以执行。

(六) 企业年金待遇给付流程

职工退休、死亡、出境定居需要支付企业年金待遇时，委托人应向受托人提交申请，受托人通知账户管理人。账户管理人计算个人账户权益，生成个人账户权益支付表，发送委托人和受托人确认。受托人确认后向托管人下达待遇支付指令，并通知账户管理人。托管人按待遇支付指令办理资金划转手续，并将资金划转结果通知受托人和账户管理人。账户管理人应扣减个人账户权益，当个人账户权益余额为零时，办理个人账户销户手续并通知受托人。受托人将资金划转结果通知委托人 (见图 5-7)。

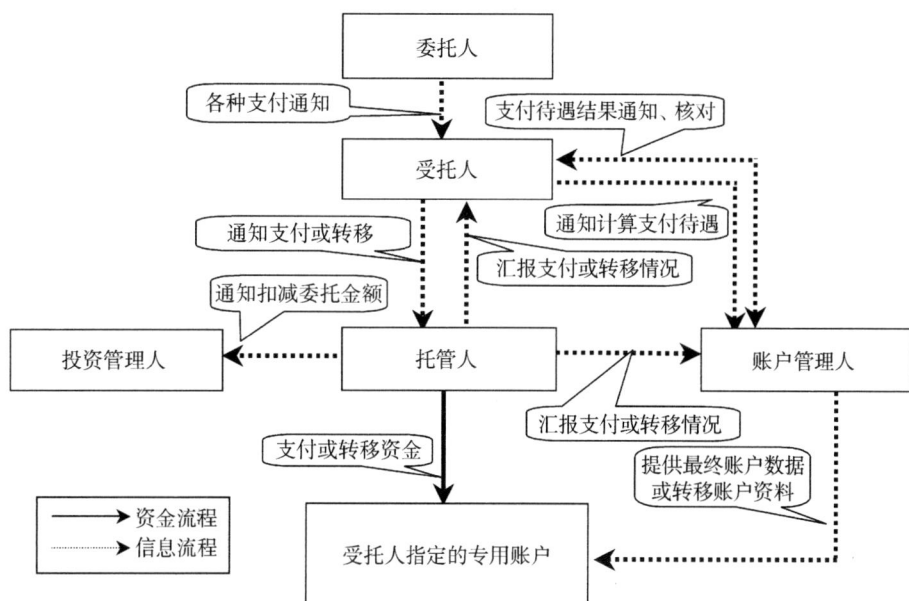

图 5-7　待遇给付流程

（七）企业年金转移流程

职工离开本企业转入新的企业年金计划时，委托人根据有关合同规定应向受托人提交个人账户转移申请，受托人确认后通知账户管理人。账户管理人计算个人账户权益，生成个人账户转移报告，发送委托人和受托人确认。受托人确认后向托管人下达资金转移指令，并通知账户管理人。托管人按资金转移指令办理资金划转手续，并将资金划转结果通知受托人和账户管理人。账户管理人应办理个人账户转移手续，并通知受托人。受托人将资金划转结果通知委托人（见图 5-8）。

职工离开本企业，不能转入新企业年金计划的，账户管理人可将其转入保留账户并进行单独管理。

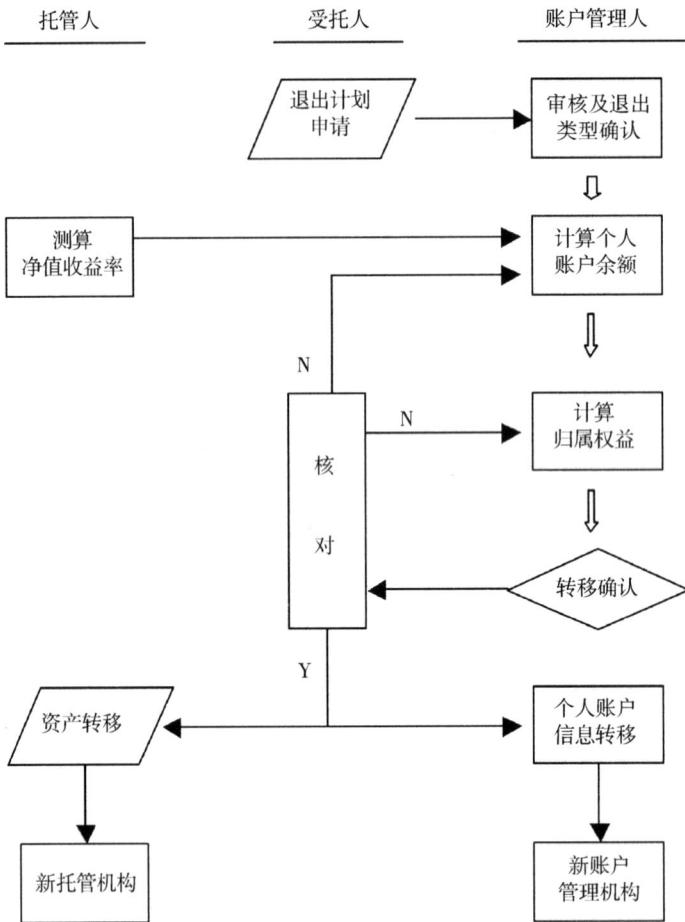

图 5-8　转移流程

第三节　法人受托模式

一、法人受托全分拆模式

法人受托全分拆模式是指法人受托机构不兼任账户管理人、托管人和投资管理人，仅承担法律法规所规定的受托管理职责，而将账户管理、托管和投资管理业务委托给第三方法人机构承担（见图 5-9）。

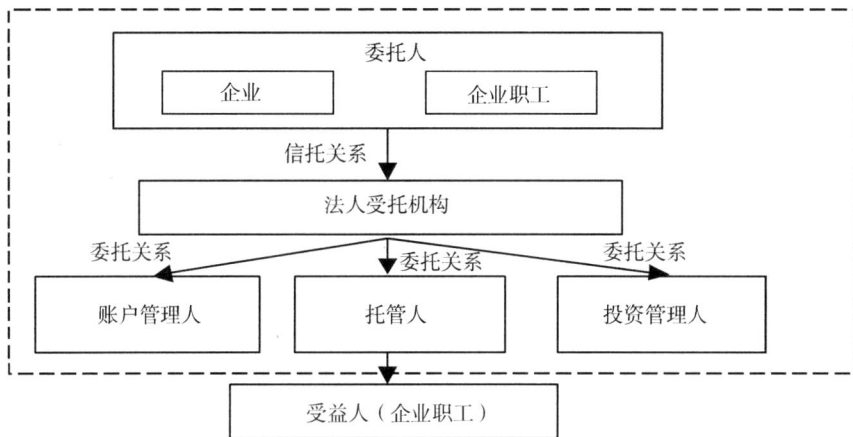

图 5-9　法人受托全分拆模式

　　受托人在整个企业年金基金运作的过程中是各种指令及信息的传递中枢，在信息流处理过程中起着非常关键的作用。从法人受托机构承担的责任和企业年金基金运行成本看，法人受托全分拆模式存在一定的局限性，它对受托管理的单个年金基金规模要求较大。法人受托全分拆模式下的各专业职能分工化程度最高，各方当事人的职责及合作关系完全由法律框架下制定的合同以及市场行为规范所确定。

二、法人受托部分分拆模式

（一）受托人与账户管理人捆绑模式

　　受托人与账户管理人捆绑模式是指法人受托机构除承担法规规定的受托管理职责外，兼任账户管理人，处理账户管理业务，将托管和投资管理业务委托给第三方法人机构承担。在这种模式下，法人受托机构兼任了账户管理人相应承担了账户管理业务。有能力提供这种服务模式的法人受托机构往往是少数实力强大的金融机构（见图 5-10）。

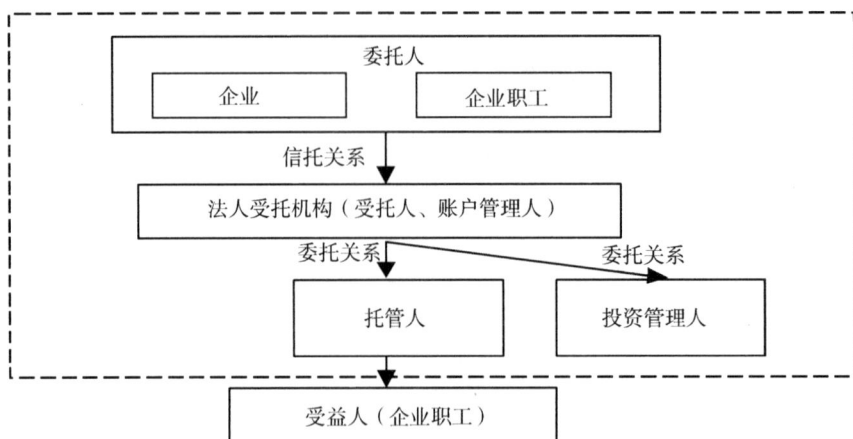

图 5-10　受托人、账户管理人捆绑模式

（二）受托人、投资管理人捆绑模式

受托人、投资管理人捆绑模式是指法人受托机构除承担法律法规规定的受托管理职责外兼任投资管理人，处理投资管理业务，而将账户管理和托管业务委托给第三方法人机构承担。目前市场条件下，这种模式可能是法人受托模式下比较常见的一种模式，具有较好的现实基础。在此种模式下，法人受托机构承担了有关企业年金基金投资的全部行为，包括对年金计划特点的考察、风险约束的评估、战略资产配置及战术资产配置以及具体的时机选择和证券选择。当然，受托人在自身兼任投资管理人的同时，可以根据企业年金基金规模的大小，设置多个投资管理人（见图 5-11）。

（三）受托人、账户管理人、投资管理人捆绑模式

受托人、账户管理人、投资管理人捆绑模式是指法人受托机构兼任账户管理人和投资管理人，一体处理受托管理、账户管理和投资管理业务，将托管业务委托给第三方法人机构承担。在这种模式下，法人受托机构除托管业务外包，几乎承担了企业年金基金管理的最主要事务，包括日常的账户管理、投资策略制定、战略资产配置、具体的投资管理，并对托管人进行监督。随着捆绑程度的加深，可以实现规模经济和范围经济优势。对法人受托机构综合能力要求是最高的，虽然可以提供综合性服务，构筑竞争优势，但风险传递性增强

（见图 5-12）。

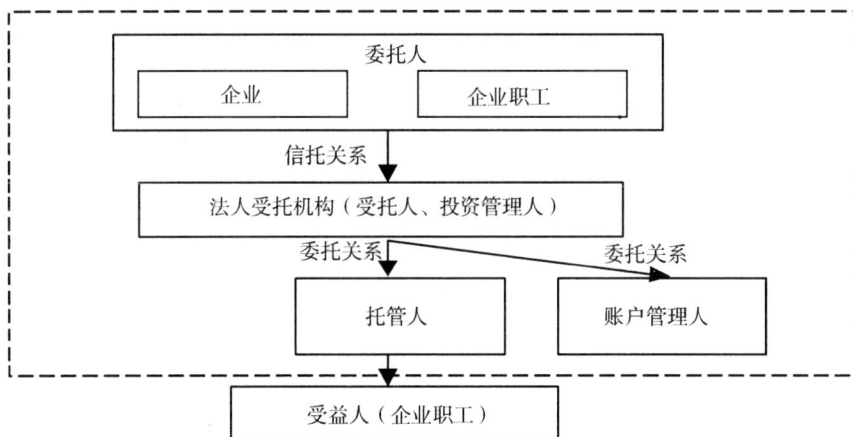

图 5-11　受托人、投资管理人捆绑模式

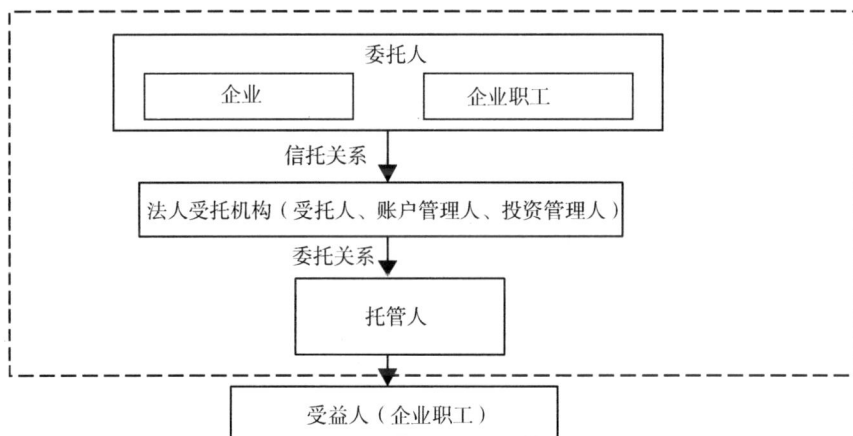

图 5-12　受托人、账户管理人、投资管理人捆绑模式

第四节　理事会受托模式

一、理事会受托全分拆模式

理事会受托全分拆模式是指企业年金理事会作为受托人仅承担受托职责，不兼任账户管理人、托管人和投资管理人，将账户管理、托管和投资管理业务委托给第三方法人机构承担。企业年金理事会可以选择一个托管人和一个账户管理人，但可以选择一个或多个投资管理人。在这种模式下，企业年金理事会理事以共同受托人的形式共同管理和处置企业年金基金财产。年金理事会作为受托人的职责与法人受托全分拆模式下法人受托机构的职责基本一致（见图5-13）。

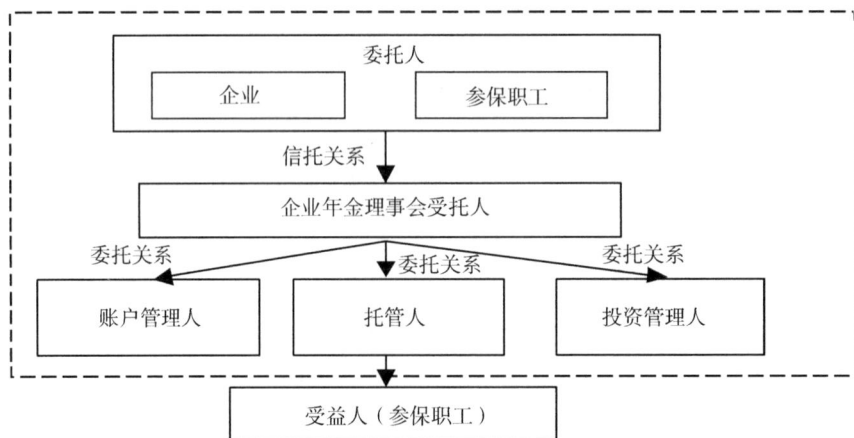

图5-13　理事会受托全分拆模式

由于种种条件的约束，企业年金理事会在履行职责时可能有专业能力的缺失。由于企业年金理事会理事不得以任何形式收取费用，容易造成外聘专业人士的缺位。企业年金理事会负责承担受托职责，尤其是要决策投资政策和战略资产配置，选择、评估、监督投资管理人，对理事会的企业年金基金管理的专业能力要求最高。

二、理事会受托部分分拆模式

理事会部分分拆模式是指由年金理事会担任企业年金基金的受托人，并由建立企业年金计划的企业设立专门账户管理机构负责本企业年金计划的账户管理；由外部的专业投资机构担任企业年金基金的投资管理人和外部托管机构担任企业年金基金托管人的一种模式——受托人、账户管理人捆绑模式。企业年金理事会是自然人集合，没有法人资格，企业年金理事会不能担任账户管理人、托管人、投资管理人。但是企业年金理事会作为受托人，可以选择基金管理机构。理事会受托模式下，账户管理人和投资管理人可以兼任、账户管理人和托管人可以兼任，但托管人和投资管理人不能兼任（见图5-14）。

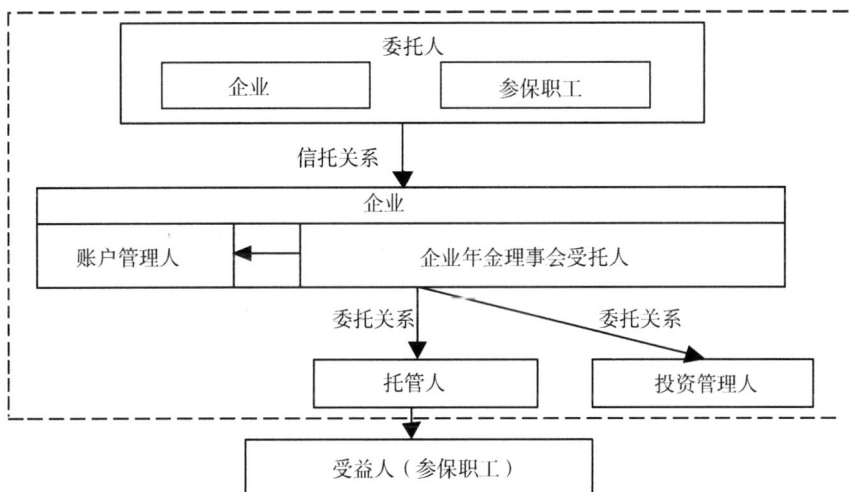

图5-14　年金理事会、账户管理人捆绑模式

第六章 企业年金基金投资管理

第一节 企业年金投资基本框架

一、企业年金投资原则

企业年金基金投资的特点，决定了企业年金投资管理人在履行投资管理职能的过程中应遵循的基本原则。

（一）安全性

安全性指投资本金不遭受损失的可能性，这是企业年金基金投资的最基本原则。在企业年金制度上，采取信托型企业年金制度、引入独立的托管人制度、建立委托人、受托人、账户管理人、托管人、投资管理人之间的相互制衡关系，都是保障企业年金基金资产的安全。企业年金不能承担过高的风险，在企业年金基金投资时，监管部门采取严格的监管和管理措施，保证基金投资的安全性。

（二）收益性

收益性指投资获得收益的可能性。企业年金基金通过专业投资管理机构进行投资管理，投资工具扩张到货币市场、债券市场、基金市场、股票市场，尤其是基金通过投资一定比例的高收益产品，如公司债、股票、共同基金等金融工具，企业年金基金投资可以实现一定的收益目标。企业年金制度是一项长期制度，基金的积累和运作都呈现出长期特征，企业年金基金短期均衡适当的收益，在中长期里，将对企业年金基金积累发挥巨大的作用。

（三）流动性

流动性是指投资资产在不遭受损失的情况下变现的能力。通过把一定比例的基金投资于流动性较强的金融工具，如活期存款、短期国债、货币市场基金，可以保障企业年金基金流动性的要求。另外，避免集中投资，也是保障企业年金基金流动性的一个方法。企业年金基金在投资运作过程中，必须结合年金基金未来的收入和支出情况与其他具体因素，确定适合企业年金计划的流动性水平，动态调整投资策略，满足基金资产负债在数额和现金流上的匹配。

（四）分散性

分散性原则是安全性、流动性原则衍生的企业年金基金投资原则。企业年金的投资应充分分散化以降低可能出现大额亏损、降低企业年金基金资产价值的波动性的风险，保障企业年金资产的安全性和流动性。企业年金基金投资管理的法规、企业年金基金投资管理的策略，对企业年金基金投资类别和单个证券投资的比率都有严格的限制，企业年金基金投资管理人在投资管理过程中必须严格遵循相关规定，保证企业年金投资的充分分散化。理论上和投资实践上都证明，只有采用多元化分散化的投资，才能分散风险并降低基金的风险水平，获取较高的合理的投资收益。

（五）审慎性

审慎性即谨慎尽职原则。企业年金基金投资管理既要符合企业年金基金投资管理的政策法规，又要符合企业年金基金投资管理合同和投资策略的要求，还要在刚性约束之外，符合企业年金基金委托人和受益人的风险收益特征。

二、企业年金的投资政策

企业年金基金运作管理是通过将企业年金基金财产投资于各类金融工具，其目标是实现基金资产保值增值，为广大计划参与者提供养老保障。企业年金基金投资管理虽然处于整个企业年金基金管理流程的后端，但它是整个年金基金运作管理过程的核心，其他如账户管理、托管管理的内容都围绕投资管理活动而展开。企业年金基金投资管理不仅是投资管理人的职责，也是受托人和委托人的重要职责。制定投资政策、进行战略资产配置，是整个投资管理活动的起点和最为重要的环节。"几乎美国所有的企业养老金计划，不管是收益确定型还是缴费确定型养老金计划，都有一份书写成文的投资政策。①"

投资管理人需要与受托人和委托人协商确定投资政策书。投资政策书是企业年金基金投资的纲领性文件，包括但不限于以下内容：

（一）投资的指导性原则

企业年金投资指导性原则对投资的安全性、收益性、流动性、分散性、审慎性提出了原则性的要求。

（二）投资目标、基准

企业年金基金投资政策为年金委托人、受托人以及投资管理人和受益人提供一个蓝图。它会促进各方之间更进一步的交流，并尽可能减少误解。指出哪些是应该实现的，投资收益率目标基准和业绩评估的基准。受托人须协助委托人明确年金资产的风险允许度。作为受托人的重要职能之一就是协助委托人为受托管理的年金基金的资产配置和投资组合确定一个可接受的风险标准。投资收益率目标和风险承受程度之间存在合理的相关性。委托人认为低风险是必要的，那么受托人就不能追求较高的收益。委托人期望较高的投资收益率，因此也必须相应承受较高的投资风险。投资目标包含风险目标和收益目标，投资基准实质上就是投资目标的具体表现形式。

1. 风险目标

风险是指未来损益的不确定性。风险目标与投资者风险承受力有关，风险承受力包括投资者承担风险的意愿和能力。企业年金基金承担风险的意愿有时会与其能力不匹配，这就需要受托人、投资管理人、投资顾问机构从风险收益两个方面对企业和职工进行教育，使其把承担风险意愿和能力有机结合起来，形成恰当的风险目标。风险承受能力和水平，是企业年金基金投资政策必须明确的内容。影响企业年金基金风险承受力的因素包括：

（1）企业和职工的投资风险偏好。风险偏好是决定风险目标的主要因素。不同的企业不同的职工群体有不同的风险偏好。风险偏好型委托人具有较高的

---

① 林羿：《美国企业养老金的监督与管理》，中国财政经济出版社 2006 年版。

风险承受能力，风险厌恶型的委托人投资风险承受能力较弱。

（2）企业员工的年龄结构特征。包括员工的在岗年龄水平、年龄构成、在职员工与退休员工的比例。职工的平均年龄越年轻，在职员工占员工总数的比例越高，则企业年金基金风险承受力越强；反之，企业年金基金风险承受力越弱。

（3）企业财务状况和盈利能力。财务状况和盈利前景良好的企业，未来企业年金缴费能力较强，其风险承受力也较强。

（4）企业年金计划的流动性需求即年金基金转移、支出需求。企业年金个人账户转移和年金待遇支付需求严重影响年金基金规模，流动性需求大则企业年金基金风险承受力较弱。反之则反。

2. 收益目标

企业年金基金的投资收益目标以期望收益率来表示。期望收益不能脱离市场状况、投资能力的约束。不切实际的投资收益目标，既可能对投资管理人形成风险激励，给企业年金基金带来潜在风险，也在实际上不可能实现，因而对企业年金投资管理无法形成有效的指导。适当的投资收益目标，是企业年金投资管理必须追求的目标。只有适当的投资收益率目标，才能使企业年金基金受益人在退休时能获得较高的退休金替代率，实现企业年金基金的制度目标。企业年金基金的投资期望收益率并非越高越好，需要与风险目标平衡，合理的收益目标是在给定风险的情况下追求收益的最大化。

3. 投资基准

投资基准可以作为投资目标的一种具体表现形式，也是投资目标的一项具体内容。投资基准需要与投资目标相一致，反映出投资风险收益目标特征。在被动式投资中，投资基准是投资管理人跟踪的标的；在主动式投资中，投资基准用以评价投资管理人市场时机把握和证券选择的能力。投资业绩基准一般分为两大类：第一类业绩基准是绝对指标。已知参加年金计划的职工平均到退休的年限、现在可投资的金额、在未来可投资的金额、退休所需的平均金额，可以计算出需要每年多少的投资收益率来满足委托人的投资目标，此即绝对基准指标。第二类业绩基准是相对指标，即指数。指数反映了选定的若干证券的综合表现水平，也是最常见的一种投资业绩基准。一般情况下，投资基准可以参考某个市场通用指数。在有些情况下，市场通用指数有时不能反映出企业年金基金的投资目标和风格特征，需要采用定制投资基准，定制投资基准应有助于理解某一特定的企业年金基金的投资目标和风格，它可以是几个市场通用指数的加权和，也可以对单个市场通用指数各组成部分的权重进行调整。一个好的指数基准必须编制方法科学、成分构成明确、可计算、样本覆盖面广、稳定性强、不过多受到单个样本变化的影响、经过一定时间的检验。企业年金受托人还可以用同类共同基金作为业绩评价基准，即将所要管理的企业年金基金与其他投资于同类型证券的基金进行比较。通常可以选择如同期银行存款利率、国债利率、通货膨胀率、可比指数、企业年金指数等作为企业年金基金投资的业绩基准。

投资基准既是企业年金基金投资的目标，也是企业年金投资绩效评估的依据。

（三）投资约束

企业年金投资约束即投资限制，投资约束包括了流动性要求、投资期限、法律法规因素和特殊要求等内容。法律法规要求是企业年金基金投资的一个刚性约束。企业年金法律法规对企业年金基金投资范围、每类资产的投资比例甚至单一投资的比率都进行了严格的限制，作为受托人和投资管理人在制定投资策略及进行战略资产配置时应严格遵循这些规定。企业年金基金投资还有一些特殊要求。特殊要求是企业年金基金委托人和受益人的特定投资要求或限制。如某年金基金可能会被禁止投资于那些造成环境污染或环保措施不力的公司、对烟酒类上市公司的投资比例进行限制、对管理机构自身发行证券的投资限制和比例限制、对委托人发行证券的投资限制和比例限制等。受托人须根据委托人的要求，明确年金基金运作中的限制条件和制约条款，进而完成年金基金的投资策略和战略资产配置。受托人所面对的年金基金资产配置与组合比例限制，以及禁止投资的资产或股票的限制性规定，包括法律法规及年金委托合同规定的比例限制；根据投资目标，出于风险控制考虑，确定各基金资产配置、行业配置、个股持有数量、持有比例等明确投资限制；禁止买入证券名单等。

（四）决策战略性资产配置、投资策略

战略资产配置、投资策略的制定决策权在受托人。企业年金基金受托人在完成战略资产配置前，需要结合企业年金基金的内部目标、业绩基准和限制，基于对外部市场预期两个方面的分析和研究，其具体步骤包括分析和明确企业年金基金的目标和限制，撰写投资政策书，对货币市场和资本市场进行分析和预期，分析货币类资产、固定收益类资产、权益类资产的投资风险收益特征，

进而进行战略资产配置。

在明确了投资收益风险目标和约束限制以及市场预期之后，受托人着手进行企业年金基金的战略资产配置并确定投资策略。战略资产配置是指对投资组合长期资产类别构成及其比例的决策，由企业年金基金的受托人完成。进行战略资产配置，受托人首先要将企业年金基金所有的内外部约束条件考虑进来，明确并列出构成投资组合的长期资产类别，对货币类资产、固定收益类资产、权益类资产进行类别选择。企业年金基金财产的投资范围，限于银行存款、国债和其他具有良好流动性的金融产品，包括短期债券回购、信用等级在投资级以上的金融债和企业债、可转换债、投资性保险产品、证券投资基金、股票等。进行企业年金投资战略资产配置，受托人还要确定每类资产在组合中的比例，明确每类资产目标比例和比例变动的范围。

（五）对投资政策和投资业绩进行评估

投资政策应该明确评价投资管理人、评价投资组合的方法、程序、基准、时间和频率。对投资政策和投资业绩进行评估，一般每年进行一次，大型企业年金基金需要按季度甚至更短的时间进行评估。委托人、受托人、投资管理人、投资顾问机构按照信息披露的相关规定，根据投资基准阶段性地比较基金回报率及风险收益，通过业绩归因分析进行各个投资环节、各个投资组合、各个投资管理人评价，针对各个投资环节、组合、管理机构运行效率和成本收益，结合年初企业年金基金投资政策和策略制定的考核目标进行系统评价，并对下一阶段的投资策略进行评估和优化调整。受托人一旦确定年金基金投资管理人并进行年金组合投资后，委托人和受托人须实行按月、按季、按年的定期的投资评估，审核年金基金投资是否符合法律法规和投资政策、投资管理合同的相关规定。委托人、受托人和投资顾问机构按季度根据投资季度、年度、投资管理合同期限企业年金基金投资收益、投资风险、业绩归属分析等，进行全面的投资回顾和评估，并据此调整优化下一阶段的投资策略。企业年金基金绩效评估，是下阶段投资策略和资产配置调整的重要依据，是企业年金基金新增投资分配的依据，也是选择、监督、评估、更换投资管理人的重要依据之一。

第二节　企业年金的投资决策主体

企业年金管理要求有专门的投资管理人，企业年金的委托人、受益人及其代表受托人，很容易误以为企业年金投资管理的权责都在投资管理人。其实，不是企业年金投资管理人，而是受托人，在企业年金投资管理当中处于核心地位，同时委托人对企业年金基金的投资管理起着非常重要的作用。

《企业年金基金管理办法》规定，设立企业年金的企业及其职工作为委托人与企业年金理事会或法人受托机构，受托人与企业年金基金账户管理机构、企业年金基金托管机构和企业年金基金投资管理机构，按照国家有关规定建立书面合同关系。受托人是按照委托人的意愿以自己的名义，为受益人的利益或特定的目的，承诺对信托财产进行管理或者处分的人。企业年金基金财产受托人是指根据信托合同受托管理企业年金基金相关事务的企业年金理事会或符合国家规定的养老金管理公司等法人受托机构。受托人是整个企业年金基金管理的核心，也是企业年金基金投资管理的核心。

《企业年金基金管理办法》规定，投资管理人，是指接受受托人委托投资管理企业年金基金财产的专业机构。投资管理人是指接受受托人的委托，根据受托人制定的投资策略及战略资产配置，为企业年金计划受益人的利益，采取资产组合方式对企业年金基金财产进行投资管理的专业机构。

根据企业年金基金管理办法，投资管理人的权责在于：对企业年金基金财产进行投资；及时与托管人核对企业年金基金会计核算和估值结果；建立企业年金基金投资管理风险准备金；定期向受托人和有关监管部门提交投资管理报告；根据国家规定保存基金财产会计凭证、会计账簿、年度财务会计报告和投资记录至少15年；国家规定和合同约定的其他职责。

而受托人应当而且有权履行下列有关投资管理权责：选择、监督、更换投资管理人；制定企业年金基金投资策略。受托人有责任和权利决定选择、监督、更换投资管理人。选择投资管理人，直接影响到未来年金基金管理的成本、效率和效益，因此，受托人在行使选择权时必须审慎，选择程序和过程必须公平、公开和公正。受托人应当而且有权从最有效保护基金财产安全和增值的角度对企业年金投资管理人进行择优选择。受托人的监督职责，不仅是受托人应尽义务，而且是其维护自身利益的行为。我国《信托法》和《民法通则》规定受托人依法将信托事务委托他人代理的，应当对他人处理信托事务的行为承担责任。代理人在代理权限内，以被代理人的名义实施民事法律行为，被代理人对代理人的代理行为承担民事责任。为促使企业年金投资管理人恪守职责，安全稳健地管理、运用基金财产，防止其利用基金资产谋取私利，保证基金财产的完整、独立和安全，保护参加企业年金计划职工的利益，受托人应对其他当事人进行监督。监督内容涉及程序性、合规性和实质性监督三种。受托人对于投资管理人未按照企业年金政策法规依法规范进行投资管理、未按照书面委托合同中的约定履行代理投资管理责任，或者受托人认为更换投资管理人更符合受益人利益的，应该而且有权终止其职责并予以更换。

受托人制定投资策略，对企业年金基金投资绩效起决定作用。根据企业年金基金管理试行办法，制定企业年金投资策略的主体，是受托人而不是投资管理人。企业年金基金财产受托管理的目的，就是通过受托人对资产的管理活动，实现资产的保值增值。受托人有义务同时有权利为受托财产制定投资策略。

相比之下，企业年金基金投资管理人，在企业年金基金投资决策当中，其主要作用在于基金的战术资产配置，通过证券选择和战术资产配置实现价值增值。为达到保值增值的目的，投资管理人对企业年金基金财产进行专业化投资，投资范围包括：银行存款、国债和其他具有良好流动性的金融产品，包括短期债券回购、信用等级在投资级以上的金融债和企业债、可转换债、投资性保险产品、证券投资基金、股票等。这些证券选择和战术资产配置，都必须依从受托人决定的投资策略和战略资产配置。

当然，投资管理人不在企业年金基金投资战略决策当中起核心作用，并不等于投资管理人不能发挥能动作用。投资管理人可以为受托人提供投资策略顾问，帮助受托人制定科学、规范的投资策略。在企业年金发展初期，受托人，尤其是理事会受托人，投资管理专业人才和知识经验相对匮乏，更需要投资管理人为受托人提供专业的支持和帮助。

第三节　企业年金投资工具的选择

我国企业年金基金的投资范围基本囊括了目前国内市场上主要的金融投资

工具，包括货币类资产、固定收益类资产、权益类资产和其他资产。不同的投资工具有不同的收益风险特征，企业年金基金投资应该比较不同的投资对象的收益风险特征，按照企业年金基金投资策略的要求进行选择。投资工具的选择，直接影响企业年金基金投资目标的实现。

一、货币类资产投资工具

货币市场是短期资金市场，是指发行和转让 1 年期以内的信用工具的金融市场，是金融市场的重要组成部分。"货币市场工具包括短期的、可转让的、具有高流动性的低风险债务证券。[①]"由于该市场所容纳的金融工具，主要是政府、银行及工商企业发行的短期信用工具，具有期限短、流动性强和风险小的特点。货币市场是投资者短期投资、融资和流动性管理的重要场所。一个有效率的货币市场应该是一个具有广度、深度和弹性的市场，其市场容量大，信息流动迅速，交易成本低，交易活跃且持续，能吸引众多的投资者和投机者参与。货币市场由同业拆借市场、票据贴现市场、可转让大额定期存单市场和短期证券市场四个子市场构成。目前，我国银行间同业拆借市场包括信用拆借、债券回购和现券（国债、央行票据、政策性金融债）买卖三种投资工具，市场成员包括银行、农村信用社、保险公司、证券公司、基金管理公司、财务公司等各类金融机构。我国具备规模的货币市场还包括上海、深圳证券交易所的国债回购市场，市场参与者主要是证券公司、基金管理公司、信托投资公司和非金融机构。货币市场上的投资工具是指短期的、高流动性和低风险的投资品种。货币市场的各种投资工具有不同的风险收益特征，尽管大多数货币市场工具都具有较低的投资风险，但是这些投资工具并不是没有风险。企业年金基金投资应该根据投资策略的要求对各种货币市场工具进行选择，以降低风险提高收益率。企业投资银行活期存款、中央银行票据、债券回购等流动性产品以及货币市场基金的比例，不得低于投资组合企业年金基金财产净值的 5%；清算备付金、证券清算款以及一级市场证券申购资金视为流动性资产；投资债券正回购的比例不得高于投资组合企业年金基金财产净值的 40%。

---

① 兹维·博迪、亚力克斯·凯恩、艾伦·马科斯：《投资学精要》，中国人民大学出版社 2007年版。

二、固定收益类资产投资工具

固定收益证券（Fixed-income Instrument）是指持券人可以在特定的时间内取得固定的收益并预先知道取得收益的数量和时间，如固定利率债券、优先股股票等。固定收益证券是一大类重要金融工具的总称，其主要代表是国债、企业债、资产抵押证券等。

现在我国市场上的固定收益类产品主要有国债、中央银行票据、企业债、结构化产品和可转换债券。从存量来看国债和央行票据构成了我国固定收益类证券的主体，可转债、结构化产品以及无担保企业债也正在快速地发展。影响我国现有固定收益证券收益和风险的因素主要有三类：市场利率、标的证券和信用利差。

企业投资银行定期存款、协议存款、国债、金融债、企业（公司）债、短期融资券、中期票据、万能保险产品等固定收益类产品以及可转换债（含分离交易可转换债）、债券基金、投资连结保险产品（股票投资比例不高于30%）的比例，不得高于投资组合企业年金基金财产净值的95%。

三、权益类资产投资工具

企业投资股票等权益类产品以及股票基金、混合基金、投资连结保险产品（股票投资比例高于或者等于30%）的比例，不得高于投资组合企业年金基金财产净值的30%。其中，企业年金基金不得直接投资于权证，但因投资股票、分离交易可转换债等投资品种而衍生获得的权证，应当在权证上市交易之日起10个交易日内卖出。

四、其他金融投资工具及企业年金投资工具创新

随着金融市场的发展，金融投资工具越来越丰富，企业年金基金可以选择的新型投资工具将越来越多。企业年金基金保值增值的需要，也将推动金融投资工具的不断创新。金融投资工具的创新，则为企业年金基金投资提供更多的获取收益和规避风险的渠道和方法。

企业年金投资工具的范围，反映了企业年金基金投资管理公共管理与市场

管理的本质区别。企业补充养老保险阶段，中国的企业年金只能投资储蓄和国债，投资渠道狭窄，抑制了企业年金基金的保值增值。《企业年金基金管理试行办法》颁布之后，企业年金投资范围得到了根本的放大。《企业年金基金管理办法》进一步发展了《试行办法》，扩大企业年金基金投资的范围。这既是账户制、基金制企业年金的本质需要，也是金融资本市场发展的结果。根据人力资源和社会保障部 2013 年发布的《关于扩大企业年金基金投资范围的通知》将企业年金基金投资范围扩大到商业银行理财产品、信托产品、基础设施债权投资计划、特定资产管理计划、股指期货。从国外的养老基金投资实践来看，还可能是投资股权、房地产、风险投资、海外证券和资产等金融工具。

　　企业年金基金是一种长期资金，与之匹配的投资市场是资本市场。企业年金投资工具创新最需要的创新方向，是如何扩大企业年金投资股票市场、股权市场、股票型基金。股权市场投资是养老基金投资的一个重要方向，中国全国社保基金已经涉足私募股权投资，未来企业年金基金投资也可能扩展到股权投资。股票型基金在中国已经取得长足的发展，但随着企业年金的发展，股票型基金可以有更大的创新发展，如大力发展生命特征基金和生命周期基金，匹配企业年金基金投资的需要。

　　按照现代投资组合理论，分散化的投资可以分散投资风险。欧美国家的养老基金包括企业养老金的投资已经扩展到国际证券的投资。中国企业年金基金未来的投资，也有可能扩展到国际证券的投资。"我们对照 MSCI EAFE 指数对67 个国际大盘股积极管理人的回报率进行了分析。国际大盘股管理人平均产出了 457 个基点的含费用超额回报率。[1]"

　　但是，随着企业年金基金等养老基金规模的扩大，政府权力的扩张，企业年金基金等养老基金的投资方向可能偏离养老基金的本质。欧美包括亚洲的日本就出现了"养老基金通常会迫于压力而按照非财务性的目标进行投资……政府还可能引导基金投资于地方基础设施项目……以创造更多就业机会和增加政府的税收收入。因此，这些基金的总体回报通常低于其他基金的回报，表明这类投资是低效的。[2]"

---

① 阿伦·摩拉利达尔：《养老基金管理创新》，上海财经大学出版社 2004 年版。
② 孙建勇、杨长汉等译：《养老金治理与投资》，中国发展出版社 2007 年版。

第四节　企业年金投资策略

投资策略是受托人、投资管理人进行投资分析和证券选择的基本方法，包含投资分析、类别市场分析、证券选择等，是投资管理人在进行投资决策的过程中应遵守的投资纪律，从属于整体投资政策。"投资策略必须反映出一个适宜的风险收益率前景以及流动性需要、收入层次和税收状况。[①]"

一、企业年金投资分析

投资分析有技术分析和基本分析两类方法。决策企业年金基金投资策略，需要自上而下地进行基本面分析，包括宏观经济、行业和公司三个层次的分析，作为投资策略更为重视宏观和行业层面的分析。通过基本面分析，形成各大类资产的市场预期。

（一）宏观经济分析

宏观经济分析从总供给和总需求两方面入手。在进行总供给形势分析时，人们会考虑全国完成工业增加值和这一数值的同比增长情况。总需求分析一般从投资需求、内需和外贸三方面入手。宏观经济分析方法包括总量分析法和结构分析法、动态分析法和静态分析法、定量分析法和定性分析法等。为对经济运行进行全面把握，需要将几种分析方法结合起来使用。

宏观经济分析的指标主要包括 GDP、货币供应量、利率、就业率、通货膨胀率、汇率、收入、政策及法规、财政收支、固定资产投资、信贷、税收、进出口、国际贸易、国际资本流动、国际竞争等方面的内容。通常这些指标可以分成三大类，即领先指标、同步指标和滞后指标。

通过宏观经济短期和中长期分析，把握证券市场的总体变动趋势，判断整个证券市场的投资价值，掌握宏观经济政策对证券市场的影响力度与方向，为企业年金基金投资把握证券的方向。

---

① 兹维·博迪、亚力克斯·凯恩、艾伦·马科斯：《投资学精要》，中国人民大学出版社 2007 年版。

（二）行业分析

行业，一般是指按生产同类产品或具有相同工艺过程或提供同类劳动服务划分的经济活动类别。行业分析的目的是为了确定每个行业的与众不同之处，投资者通过对比进行权衡，从而弄清楚各个行业的风险与收益的关系。投资者在弄清楚影响各个行业发展的重要因素后就可以根据这些因素来预测该行业的发展趋势。对于行业长期的发展情况，可以采用行业销售额和增长率的历史数据来预测未来的走势。也可采用行业生命周期理论将行业周期划分为发展期、扩张期、成熟期和衰退期，对不同行业进行定位后预测其未来走势。

行业分析的主要任务包括：分析行业本身所处的发展阶段，判断行业在国民经济中的地位，分析影响行业发展的各种影响因素以及判断其对行业影响的力度，预测行业的未来发展趋势，挖掘行业投资价值，揭示行业投资风险，从而为企业年金基金投资策略提供决策依据或投资依据。

（三）金融市场分析

金融市场分析，在宏观经济、行业和公司分析的基础上，包括对金融市场整体分析和对货币市场、债券市场、股票市场等细分市场的分析，对资本和货币市场上不同类别的投资资产的长期风险收益特征做出预测，包括预期收益、收益的波动性和收益的相关性等内容。企业年金经济投资主要为货币类资产、固定收益类资产、权益类资产。通过金融市场分析，可以将企业年金基金的投资目标和约束同实际市场状况和预期结合起来，确定企业年金基金大类资产的投资方向和权重。金融市场分析主要是对可投资金融市场类别资产的风险收益特征的分析和预测。投资资产的风险收益特征预测通常采用历史数据法和前瞻性方法。

基于金融市场分析而作出的金融市场预期，包括各类资产的风险收益特征预期，对于企业年金基金投资具有重要意义，成为企业年金基金投资策略和投资行为的指导。

二、企业年金投资策略

企业年金投资策略应由委托人和受托人及投资管理人来协商、受托人确定，有关投资顾问机构可以协助完成这一职责。按照投资风格可分主动投资策略、被动投资策略、半主动投资策略等。主动投资策略需要根据市场预期的变化调整投资组合，企业年金基金对市场预期变化可以采取不同的主动投资策略，受托人应为采取主动策略的投资管理人选择一个投资基准作为评估其业绩的依据。一般企业年金基金都采取主动投资策略。在被动投资策略下，投资组合的组成不因市场预期的变化而进行调整，指数化投资是一种较常见的被动投资策略。大型企业年金基金可根据委托人的要求采取被动投资策略。半主动投资策略又称风险控制下的主动投资策略或增强指数化投资策略。

投资策略按照投资方式可分为买入并持有策略、恒定混合策略、投资组合保险策略和动态资产配置策略等。买入并持有策略属于消极型的长期再平衡策略，恒定混合策略、投资组合保险策略和动态资产配置策略则相对较为积极。"养老金计划的战略性资产配置一旦确定，可以通过两种方法来保持：第一种是简单的买入并持有的策略……另一种可选择的方式为强制性再平衡或固定的资产组合策略。①"

企业年金基金投资在买入并持有策略、恒定混合策略、投资组合保险策略和动态资产配置策略等投资策略上的主要选择是投资组合保险策略。企业年金基金投资更关注年金组合安全基础上的绝对回报，不追逐短期市场排名，以绝对收益为目标，保持稳健投资的风格，不为短期市场机会而使年金组合承担较大风险。安全性往往是委托人和受益人的第一要求。投资组合保险是无套利均衡在金融工程中处理风险问题的应用，是企业年金基金投资规避风险的重要策略。

投资组合保险策略，是在将一部分资金投资于无风险资产从而保证资产组合目标最低价值，目标价值的设定可以是本金安全或者是投资收益确定目标或者是投资亏损设定目标，将其余资金投资于风险资产，并随着市场的变动调整风险资产和无风险资产的比例，保证风险收益目标的同时不放弃资产升值潜力的一种动态调整策略。当投资组合价值因风险资产收益率的提高而上升时，风险资产的投资比例也随之提高；反之则下降。投资组合保险策略可以是保本策略，也可以是止盈或止损策略。保证投资者在继续拥有资产增值潜力的同时，回避或者锁定资产价格下跌的风险。CPPI有其独特的优越性，如能依据原始投资金额做风险管理，追求固定比例保本下的投资机会，自动达到停损的效果；策略简单明了易懂，一般投资人都可以CPPI实行投资组合保险策略。

① 丹尼斯·罗格、杰克·雷德尔：《养老金计划管理》，中国劳动社会保障出版社2003年版。

投资组合保险的一种简化形式是固定比例投资组合保险（Constant Proportion Portfolio Insurance, CPPI）。此外还包括以期权为基础的投资组合保险等形式。其主要思想是投资组合保险理论（Portfolio Insurance），始于 20 世纪 70 年代末 80 年代初。最初是由 Leland 和 Rubinstein 提出，总的思想是通过欧式看跌期权套补风险资产投资组合所面对的市场风险。

企业年金保本基金经常使用一种动态投资组合保险技术即 CPPI 实现保本，其基本思路是将大部分资产（保险底线）投入固定收益证券，以保证保本周期到期时能收回本金；同时将剩余的小部分资金（安全垫）乘以一个放大倍数投入权益类资产，以博取权益类资产的高收益。这样，如果权益资产市场上涨，CPPI 按照放大倍数计算出的投资权益资产的资金会增加，从而增加基金的投资收益；相反，当股票市场下降时，CPPI 计算出的投资于股票市场的资金量会减少，基金会将一部分资金从股票市场转移至风险较小的债券市场，从而规避了股票市场下跌的风险，保证基金总资产不低于事先确定的安全底线。

三、企业年金投资战略资产配置

（一）战略资产配置的步骤

战略资产配置是指根据投资需求将投资资金在不同资产类别之间进行分配，通常是将资产在低风险、低收益证券与高风险、高收益证券之间进行分配。在现代投资管理体制下，投资一般分为规划、实施和优化管理三个阶段。投资规划即资产配置，是资产组合管理决策制定步骤中最重要的环节。企业年金基金投资战略资产配置包含四个步骤：一是受托人需要将企业年金基金所有的内外部投资目标和投资约束条件考虑进来，明确并列出构成投资组合的货币类、固定收益类、权益类资产类别；二是确定每类资产在组合中的比例和比例变动的范围；三是确定有效边界，找出在既定风险水平下可获得最大预期收益的资产组合，确定风险修正条件下投资的指导性目标；四是构造最优投资组合（见图 6-1）。

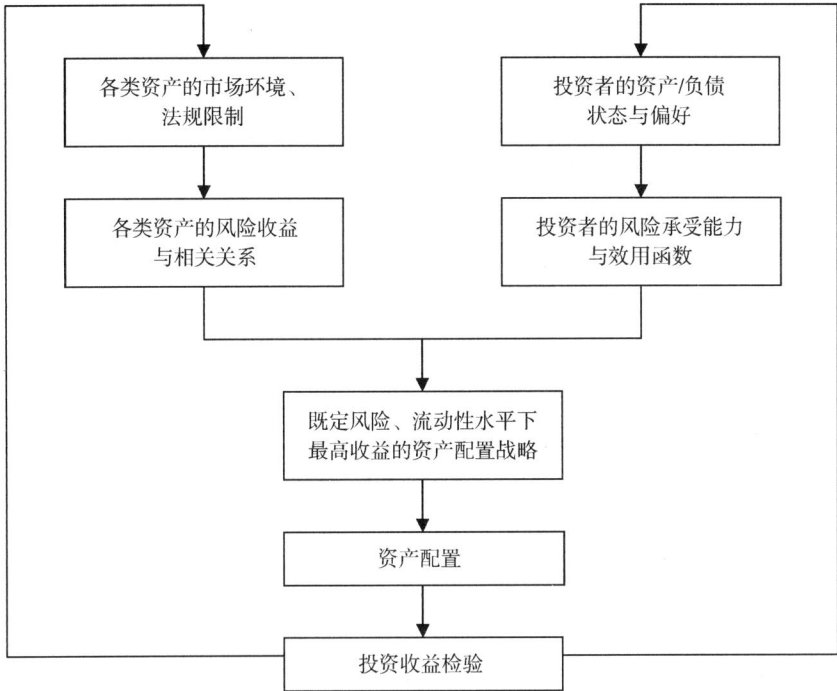

图 6-1 资产配置过程

(二) 战略资产配置的标准

战略资产配置可以采用量化的优化模型，也可运用经验和判断，对每类资产进行甄选。企业年金委托人、受托人、投资顾问公司在进行战略资产配置时需要参照以下标准：资产配置能否达到预期收益，必要时需要明确某种资产配置达到预期收益的概率有多大，或至少应达到多大的概率；资产配置是否满足企业年金计划的流动性需求；资产配置是否与企业年金基金的风险承受力相一致，经过风险调整的资产配置的收益是否符合要求，如夏普比率等；企业年金基金资产安全的保障；资产配置对通货膨胀是否具有防范作用。

(三) 战略资产配置的主要考虑因素

影响投资者的风险和收益目标因素、影响各类资产的风险收益及其相关关系的资本市场环境因素、资产的流动性特征与委托人和受益人的流动性需求的匹配情况、企业职工的年龄结构特征、投资期限、税收制度、政策法规等，都是战略资产配置要考虑的主要因素。

（四）战略资产配置方法

企业年金委托人、受托人、投资顾问公司通常采用历史数据法和情景综合分析法进行战略资产配置。历史数据法假定未来与过去相似，以长期历史数据为基础，根据过去的经历推测未来的资产类别收益。有关历史数据包括各类型资产的收益率、以标准差衡量的风险水平以及不同类型资产之间的相关性等数据，并假设上述历史数据在未来仍然能够继续保持。在进行预测时一般需要按照通货膨胀预期进行调整，使调整后的实际收益率与过去保持一致。情景综合分析法是通过分析目前与未来的经济环境，确认经济环境可能存在的状态范围，即情景，预测在各种情景下各类资产可能的收益与风险、各类资产之间的相关性，确定各情景发生的概率，以情景的发生概率为权重，通过加权平均的方法估计各类资产的收益与风险。与历史数据法相比，情景综合分析法在预测过程中的分析难度和预测的适当时间范围不同，也要求更高的预测技能，由此得到的预测结果在一定程度上也更有价值。

在考虑投资者的风险承受能力、收益目标之后，企业年金委托人、受托人、投资顾问公司计算了单一资产的收益和风险之后，就可以确定能够带来最优风险与收益的投资资产组合：在同一风险水平上计算能够取得最高收益的投资组合，或者在同一期望收益率水平上的最小方差组合，即构成有效市场前沿。

（五）战略资产配置的调整

在企业年金基金投资过程中，企业年金基金受托人需要定期（至少每季度1次）对经济和市场因素的变化及战略资产配置执行情况进行回顾，定期（至少每年1次）对企业年金基金自身目标和约束及当期战略资产配置管理情况进行回顾，相应调整战略资产配置以满足企业年金基金新的投资目标和约束。通常受托人进行资产配置调整的依据包括企业年金基金内部约束条件的变化、外部市场环境的变化和调整成本等因素。内部约束条件的变化主要包括投资期限、流动性需求、资金增减、税制、政策法规、委托人特定需求的变化等。外部约束条件的变化主要包括投资资产的风险收益特征发生了变化、市场牛熊转换、新投资工具和市场的出现、政策环境和金融市场的变化、通货膨胀等等。调整成本主要包括交易成本和管理成本。

四、企业年金投资组合构建

（一）国内主要金融资产的风险收益特征

投资组合的构建，需要以投资工具的风险即标准差、收益即期望收益率、工具之间的关系即相关系数为基础。了解目前中国资本和货币市场上不同资产类别的风险和收益特征，以及不同资产收益之间的相关性，即可设计不同风险和收益特征的企业年金基金投资组合（见图6-2）。

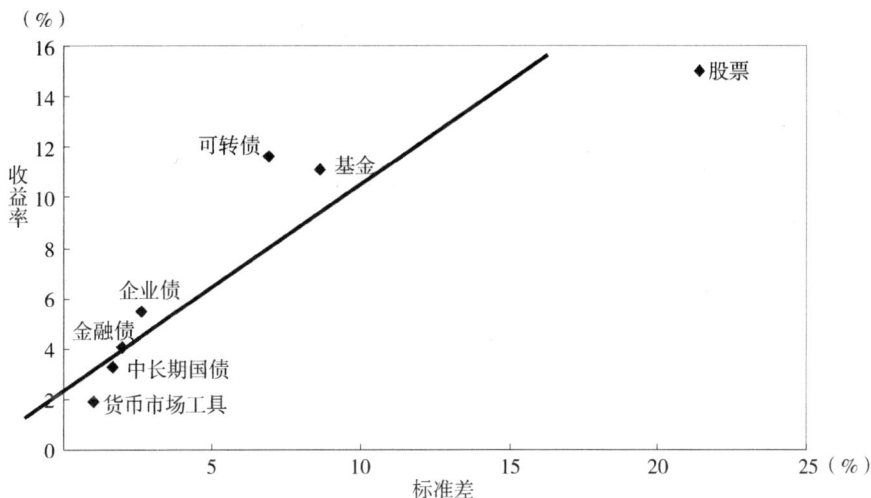

图6-2 国内主要金融工具的风险收益情况

获得各类资产的预期收益、标准差和协方差，即可构建企业年金基金的投资组合。金融经济稳定的背景下，各类资产的预期收益、标准差、协方差基本稳定。金融经济大幅波动的情况下，风险、收益和相关系数的波动性相对较大，需要相应调整三大参数（见表6-1和表6-2）。"如果养老金计划发起人和受益人只愿意承受较小的风险，那么养老金计划资产就会较多地投资于债券和固定收益资产。如果其希望获取更高的收益，或者愿意承受更大的风险，那么养老金计划资产就应较多地投资于股票。①"

表6-1 国内主要金融资产的预期收益和标准差

单位:%

类别资产	收益率	标准差
货币市场工具	2.5	1
中长期国债、金融债（含债券基金、企业债）	3.0	2
可转债	11.0	10
股票（含股票基金、证券类信托、投资类保险）	15.0	20

资料来源:孙建勇:《企业年金管理指引》,中国财政经济出版社2004年版。

表6-2 各类资产之间的相关系数

相关系数	货币市场工具	国债金融债	可转债	股票
货币市场工具	1			
国债、金融债、企业债	−0.0407	1		
可转债	−0.0020	0.0448	1	
股票	0.0211	0.0013	0.4992	1

资料来源:孙建勇:《企业年金管理指引》,中国财政经济出版社2004年版。

(二) 企业年金投资比例限制

企业年金有关法律法规对不同资产投资比例有数量限制,企业年金基金资产的投资,按市场价计算应符合:投资银行活期存款、中央银行票据、短期债券回购等流动性产品及货币市场基金的比例,不低于基金净资产的20%;投资银行定期存款、协议存款、国债、金融债、企业债等固定收益类产品及可转换债券的比例,不高于基金净资产的50%。投资股票等权益类产品及投资性保险产品、股票基金的比例,不高于基金净资产的30%。其中,投资股票的比例不高于基金净资产的20%。

(三) 企业年金投资组合构建方法

假设:资产1为货币市场资产;资产2为中长期国债;资产3为可转债;

---

① 丹尼斯·罗格、杰克·雷德尔:《养老金计划管理》,中国劳动社会保障出版社2003年版。

资产 4 为股票；$E(R_i)$，$i=1$，2，3，4 为 4 种资产构成组合的预期收益；σ_{ij}，$i=1$，2，3，4，$j=1$，2，3，4 为第 i 种资产和第 j 种资产的协方差；W_i 为第 i 种资产在资产组合中所占权重，所有资产权重之和为 1；σ^2 为给定风险。

结合各类资产的标准差、期望收益率、相关系数和企业年金法规对企业年金投资的比例限制，企业年金投资组合构建的公式为：

$$\max \sum_{i=1}^{4} W_i E(R_i)$$

$$\text{s. t.} \sum_{i=1}^{4} \sum_{j=1}^{4} W_i W_j \sigma_{ij} = \sigma^2$$

$$\sum_{i=1}^{4} W_i = 1, \quad \sum_{j=1}^{4} W_j = 1$$

$$W_i > 0$$

$$W_1 \geq 0.3$$

$$W_2 \geq 0.2$$

$$W_4 \leq 0.3$$

$$W_2 + W_3 \leq 0.5$$

在投资比例限制之下，根据不同企业年金基金的收益风险特征，可以分别构建高风险、中风险和低风险企业年金基金投资组合（见表 6-3 和图 6-3）。

表 6-3　投资组合设计范例

单位:%

资产类别 E（R）	预期 收益率	波动率	具体品种	相对 高风险	相对 中风险	相对 低风险
货币市场资产	2.5	1	—	20	50	60
中长期国债、金融债、企业债（含债券基金）	3.0	2	—	30	20	30
可转债	11.0	10	—	20	20	5
股票（含股票基金、投资类保险、证券类信托）	15.0	20	股票（含股票基金）	20	10	5
			投资类保险（含证券类信托）	10		
总比例				100	100	100
组合预期收益				8.10	5.62	3.68
组合波动率				7.0	3.0	1.5

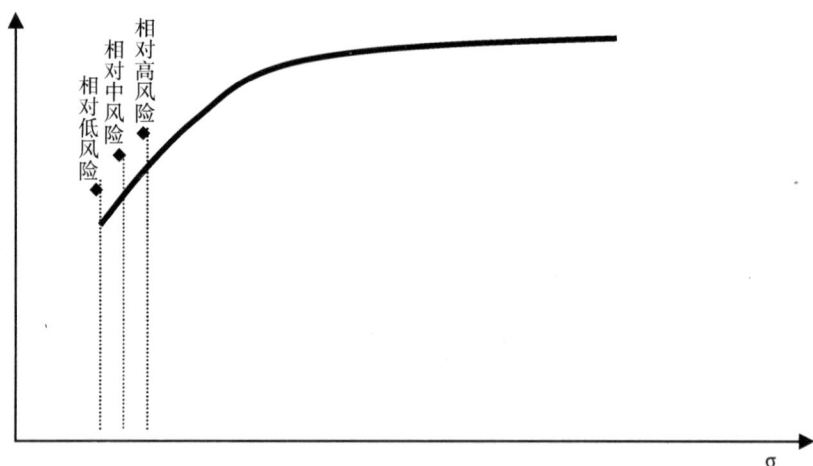

图6-3 投资组合设计范例的收益/风险特征

（四）企业年金投资组合类型

在"确保安全、适度收益"企业年金投资组合设计理念的指导下，按照企业年金基金投资管理规定的投资限制：货币市场投资高于20%，债券市场投资低于50%，权益类市场投资低于30%，结合投资管理人的投资经验与优势，可以设计不同的企业年金投资组合满足委托人和受托人不同的风险收益要求（见图6-4）。

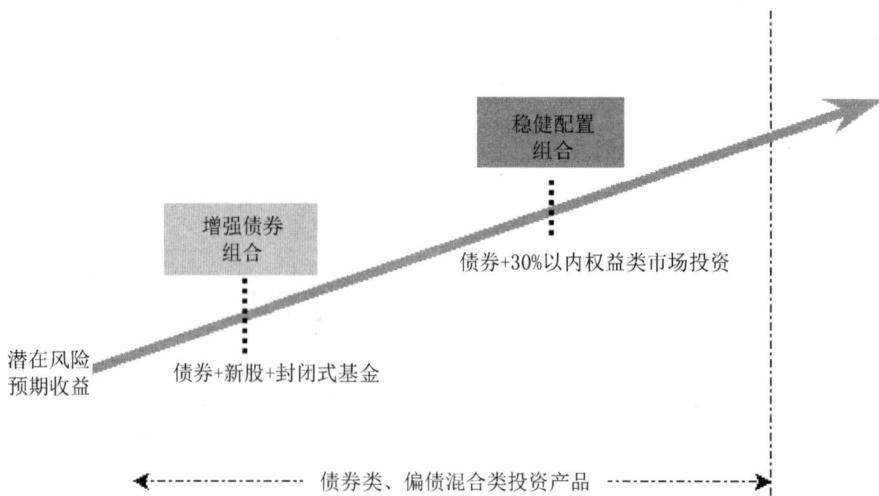

图6-4 企业年金投资组合类型

在保证本金安全的基础上，针对不同的客户需求即不同的风险收益特征，可以设计不同类型的企业年金保本投资组合（见图6-5）。

当然，根据企业风险收益特征的不同，对于风险偏好型的企业年金基金，可以根据企业需求设计激进型的企业年金基金投资组合（见图6-6）。

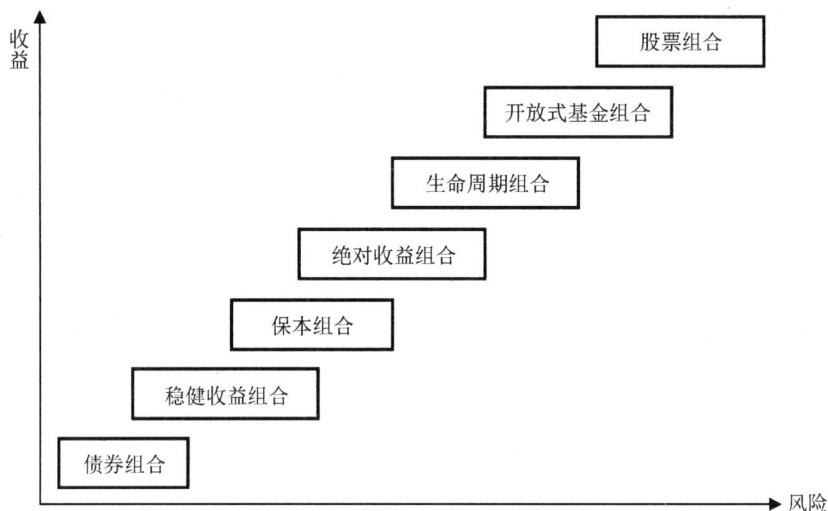

图 6-5　不同收益风险特征的企业年金投资组合

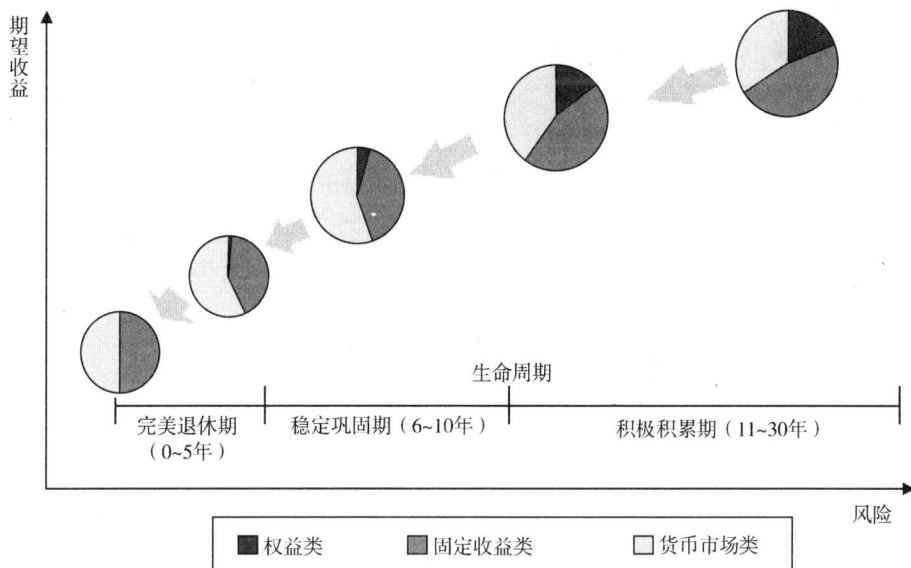

图 6-6　不同生命周期的企业年金投资组合

针对不同年龄段职工风险收益偏好的差异，可以为客户提供由上述四类产品构成的一揽子组合产品套餐。

企业年金基金投资组合的构建主要依据企业年金计划的参与人的年龄结构来进行构建。对于处于积累期的群体，企业年金基金投资组合应该加大股票、股票型基金的配置比例。而对于退休前后的群体，则应降低权益类资产的投资比例。对于企业职工平均年龄偏轻的企业年金计划，企业年金基金投资可以多配置权益类资产，对于职工平均年龄偏大的企业年金基金，则减少权益类资产配置。对于企业盈利能力强、负债低的委托人，可以加大权益类资产的配置，而对于经营不稳定负债较多的委托人则降低权益类资产的配置。"投资过程的一个最重要的特点就在于它是动态的。投资组合必须持续不断地被监控和更新。[1]"

大型企业年金基金还可以将基金按投资类别分类投资，各投资管理人分别负责货币型资产的组合投资、债券类资产的组合投资、权益类资产的组合投资，因此形成货币型投资组合、债券型投资组合、股票型投资组合。

（五）集合企业年金投资组合

针对中小企业年金计划，企业年金投资采取集合投资方法。集合企业年金投资组合也可以针对不同的企业需求，设计不同的投资组合。

集合企业年金基金管理机构包括企业年金法人受托机构、企业年金账户管理人、企业年金托管人、企业年金投资管理人。其中，受托机构只能是有企业年金受托管理机构资格的一个银行或养老保险公司或信托公司。账户管理人和托管人既可以是一家合格机构，也可以由两个不同的合格机构担当。投资管理人可以是一家合格的投资管理人，也可以是几个合格的投资管理人。

在集合计划下，可以设计不同的投资组合供不同的需求方选择。

---

[1] 兹维·博迪、亚力克斯·凯恩、艾伦·马科斯：《投资学精要》，中国人民大学出版社2007年版。

第五节　企业年金投资风险管理和绩效评估

一、企业年金投资风险管理

（一）企业年金投资风险管理的一般问题

收益和风险形影相随，收益以风险为代价，风险用收益来补偿。企业年金是企业职工的"养命钱"，控制风险、安全至上，是企业年金基金投资的一个基本原则。企业年金基金投资风险管理，在企业年金投资整个体系当中，至关重要。"养老基金应该关心投资风险、盈余风险、发起人风险、利率风险、币种风险、集中度风险和通货膨胀风险①"。"养老金计划管理业目前的一个普遍缺陷就是没有采用统一的模型来测度风险。养老基金只有采用统一的风险测度模型才能对风险进行管理。②"

企业年金基金投资依据马科维茨的投资组合理论进行分散化管理，是一个风险管理的方法。均值方差模型就是一个风险管理模型，而且是风险管理最基本的模型。企业年金基金投资管理过程中，同时有许多其他风险管理方法，包括一般的风险管理方法、VaR 方法等。

企业年金基金投资风险管理通过风险识别、预测和衡量、选择有效手段，以尽可能降低成本，有计划地处理风险，以获得企业年金基金投资安全保障。这就要求企业年金基金投资过程中，应对可能发生的风险进行识别，预测各种风险发生后对资源及投资管理造成的消极影响。风险的识别、风险的预测和风险的处理是企业年金投资风险管理的主要步骤。

企业年金基金投资风险管理包含了用于增加或减少某种风险的所有投资管理决策和行为过程。将风险管理视作一个代表所有可能的风险收益组合的一系列连续的点。从一个组合变化为另一个组合便是风险管理决策可以直观地理解风险管理，变化的过程体现了风险管理策略。图 6-7 使我们能够更好地理解

---

①②　阿伦·摩拉利达尔：《养老基金管理创新》，上海财经大学出版社 2004 年版。

以投资风险的选择为基础如何进行风险管理。

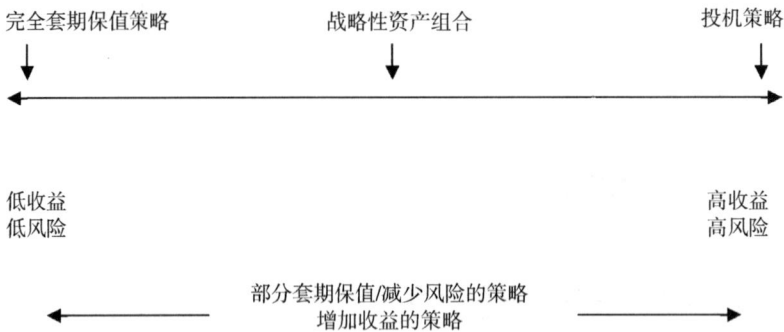

图 6-7　风险管理和投资风险

　　一旦确定了企业年金基金的收益目标、风险承受度和限制条件，战略性的资产组合决策就会选择一个特定的风险—收益组合。合理的风险管理首先要充分理解选择某一策略的动机和可能的后果，没有理解策略的目标、动机和可能的后果将会导致企业年金基金投资陷入困境。风险管理无非是在许多可能的风险收益组合中选择一个组合，符合委托人和受托机构投资收益风险约束条件的配置策略。对企业年金基金来说，低风险策略将产生较高的机会成本，增加养老金计划发起人的缴费，减少未来的潜在福利。而高收益策略有可能成功地奏效，但也有可能使基金破产或迫使发起人增加缴费。

　　在企业年金基金风险管理实践当中，主要面临三种实际风险：资产负债风险即企业年金基金积累目标和缴费投资不匹配的风险；企业年金基金投资试图超越业绩基准而面临的战术性风险或基准风险；企业年金基金投资管理人基于绩效目标而突破投资政策的过度积极管理风险。在测度和管理实际投资管理风险方面，应该采取相应的风险控制办法（见表6-4）。

表 6-4　企业年金基金投资管理风险的监控和管理

	资产负债风险	基准风险	积极管理风险
责任主体	受托人	投资管理人	投资管理人
监控周期	按年	按月	按月
监控内容	筹资投资政策、战略资产配置	战术资产配置	战术资产配置

企业年金基金委托人、受益人、受托机构和企业年金基金经理需要用一种系统的方式去分析风险和管理风险。企业年金基金的投资风险管理是一个综合的系统，从基金的投资政策制定、产品设计到资产配置，再到投资组合构建、个券的选择、投资时机的选择，整个运作流程都需要建立严格的风险控制制度，并确保风险控制措施的有效执行。

（二）企业年金投资风险的测度

1. 企业年金投资债券风险的测度

债券是企业年金基金投资的主要类别，包括国债、企业债、金融债、短期债券。企业年金基金投资固定收益类资产的法定上限达 95%，而且还可以投资各类短期性债券。随着企业年金基金投资的发展，企业年金基金投资债券的比例可能进一步扩大。对企业年金基金投资债券的风险的测度，是对债券投资风险控制的基础。债券投资主要包含利率风险、再投资风险、流动性风险、经营风险、购买力风险、汇率风险、赎回风险等。

企业年金投资债券，需要对债券价格波动性和债券价格利率风险进行计算。通常的指标有基点价格值、价格变动收益率值和久期。基点价格值是指应计收益率每变化 1 个基点时引起的债券价格的绝对变动额。另一个估算债券价格波动率的指标是价格变化的收益率值，首先计算当债券价格下降 X 元时的到期收益率值，新的收益率值与初始收益率（价格变动前的收益率）的差额即是债券价格变动 X 元时的收益率值。其他条件相同时，债券价格收益率值越小，说明债券的价格波动性越大。

企业债违约风险主要通过企业信用分析来识别和控制。固定收益证券的利率风险主要通过债券久期、凸性等指标来识别和防范，VaR 方法和利率免疫策略也是控制和防范利率风险的方法。债券的换手率可以用来评估和控制流动性风险。

久期和凸性是衡量债券利率风险的重要指标。久期也称持续期，是 1938 年由 F. R. Macaulay 提出的，用来衡量债券的到期时间。它是以未来收益的现值为权数计算的到期时间。久期收益率变化 1% 所引起的债券全价变化的百分比。久期用来衡量债券价格对利率变化的敏感性。其计算公式如下：

$$久期 = \frac{债券价格改变的百分比}{收益率改变的百分比} = -\frac{1}{p} \cdot \frac{dp}{dY}$$

修正久期是用来衡量债券价格对利率变化的敏感程度的指标。公式如下：

$$\frac{dP}{P} = D^* dy \mid \frac{C\ (dy)^2}{2}$$

式中，dy 表示收益率的变化，dP 表示价格的变化，D^* 表示修正久期，C 表示凸性。公式如下：

$$D^x = \frac{\dfrac{1}{1+y}\displaystyle\sum_{I=1}^{n}\dfrac{C_i(t_i-t)}{(1+y)^{t_1-t}}}{\displaystyle\sum_{I=1}^{n}\dfrac{C_i}{(1+y)^{t_1-t}}}$$

凸性是指在某一到期收益率下，到期收益率发生变动而引起的价格变动幅度的变动程度。凸性是对债券价格曲线弯曲程度的一种度量。凸性越大，债券价格曲线弯曲程度越大，用修正久期度量债券的利率风险所产生的误差越大。其计算公式如下：

$$凸性 = \frac{久期改变的百分比}{收益率改变的百分比} = \frac{1}{p} \cdot \frac{d^2 p}{dY^2}$$

2. 企业年金基金投资单个证券的风险测度

风险的大小由未来可能收益率与期望收益率的偏离程度来反映。在数学上，这种偏离程度由收益率的方差来度量。如果偏离程度用 $[r_i-E(r)]^2$ 来度量，则平均偏离程度被称为方差，记为 σ^2。

$$\sigma^2(r) = \sum_{i=1}^{n}[r_i-E(r)]^2 p_i$$

式中，p_i 表示可能收益率发生的概率；σ 表示标准差。

在实际中使用历史数据来估计方差：假设证券的月或年实际收益率为 r_t（t=1，2，…，n），估计方差为：

$$S^2 = \frac{1}{n-1}\sum_{i=1}^{n}(r_t-\bar{r})^2$$

当 n 较大时，也可使用下述公式估计方差：

$$S^2 = \frac{1}{n}\sum_{i=1}^{n}(r_t-\bar{r})^2$$

3. 企业年金基金投资组合的风险测度

设有 N 种证券，记作 A_1、A_2、A_3、…、A_N，证券组合 P =（x_1，x_2，x_3，…，x_N）表示将资金分别以权数 x_1、x_2、x_3、…、x_N 投资于证券 A_1、A_2、A_3、…、A_N。即设 A_i 的收益率为 r_i（i=1，2，…，N），则证券组合 P =（x_1，

x_2，x_3，$\cdots$，x_N）的收益率为：

$$r_P = x_1 r_1 + x_2 r_2 + \cdots + x_N r_N = \sum_{i=1}^{N} x_i r_i$$

推导可得证券组合 P 的期望收益率和方差为：

$$E(r_P) = \sum_{i=1}^{N} x_i E(r_i)$$

$$\sigma_P^2 = \sum_{i=1}^{N} \sum_{j=1}^{N} x_i x_j \text{cov}(x_i, x_j)$$

$$= \sum_{i=1}^{N} \sum_{j=1}^{N} x_i x_j \sigma_i \sigma_j \rho_{ij}$$

式中，σ_P^2 表示证券组合 P 的方差；ρ_{ij} 表示 r_i 与 r_j 的相关系数（i、j = 1，2，$\cdots$，N）。

由以上公式可知，要估计 $E(r_P)$ 和 σ_P^2，当 N 非常大时，计算量十分巨大。20 世纪 60 年代后，威廉·夏普提出了指数模型以简化计算。随着计算机技术的发展，已开发出计算 $E(r_P)$ 和 σ_P^2 的计算机运用软件，如 Matlab、SPSS 和 Eviews 等。

确定方差的主要方法包括历史数据法和情景综合分析法。

（1）历史数据法。

$$\sigma^2 = \frac{1}{N} \sum_{t=1}^{n} (R_t - \overline{R})^2$$

式中，R_t 表示 t 期内的投资收益率；$\overline{R}$ 表示平均投资收益率；N 表示总体个数。

（2）情景综合分析法。

$$\sigma^2 = \sum_{i=1}^{n} \{ [R_i - E(R)^2] \cdot P_i \}$$

式中，R_i 表示 i 情形下的投资收益率；P_i 表示 i 情形发生的概率；E(R) 表示期望回报的投资收益率。

4. β 系数

β 系数，即贝塔系数（Beta Coefficient），是一种评估证券系统性风险的工具，用以度量一种证券或一个投资证券组合相对总体市场的波动性。它所反映的是某一投资对象相对于大盘的表现情况。其绝对值越大，显示其收益变化幅度相对于大盘的变化幅度越大；绝对值越小，显示其变化幅度相对于大盘越小。如果是负值，则显示其变化的方向与大盘的变化方向相反。

单项资产系统风险用 β 系数来计量，通过以整个市场作为参照物，用单项资产的风险收益率与整个市场的平均风险收益率作比较，即：

$$\beta_i = \frac{\sigma_{iM}}{\sigma_M^2}$$

β_i 即证券 i 的 β 系数。

对任何一个证券组合 P，设其投资于各种证券的比例分别为 x_1，x_2，…，x_n，则有：

$$E(r_P) = x_1 E(r_1) + x_2 E(r_2) + \cdots + x_n E(r_n)$$
$$= x_t \{ r_F + [E(r_M) - r_F] \beta_1 \} + x_2 \{ r_F + [E(r_M) - r_F] \beta_2 \} + \cdots + x_n \{ R_F + [E(r_M) - r_F] \beta_n \}$$

令 $\beta_P = x_1 \beta_1 + x_2 \beta_2 + \cdots + x_n \beta_n$，称为证券组合 p 的 β 系数。

β 系数是衡量证券承担系统风险水平的指数。β 系数反映了证券或组合的收益水平对市场平均收益水平变化的敏感性。由于 β 系数是证券或组合系统风险的量度，因此，风险控制部门或投资者通常会利用 β 系数对证券投资进行风险控制，控制 β 系数过高的证券投资比例。

(三) 企业年金风险管理 VaR 方法

1. VaR 方法的历史演变

名义值方法、敏感性分析以及波动性方法从不同的角度度量了投资组合的风险大小，在一定的历史阶段发挥了很大的作用，在一定的条件下，依然是有效的风险度量方法。但这些方法都不能回答有多大的可能性会产生损失，并且无法度量不同市场中的总风险，不能将各个不同市场中的风险加总，在更加复杂的金融市场环境下具有很大的局限性。正是由于这些问题，风险价值 (Value at Risk，VaR) 才应运而生。

1993 年，G30 集团在研究衍生品种基础上发表了《衍生产品的实践和规则》的报告，提出了度量市场风险的 VaR 模型。Morgan 公司的风险管理人员为满足当时总裁 Weather Stone 每天提交 "4. 15 报告" 的要求，开发了风险测量方法——VaR 方法。J. P. Morgan 在其 1994 年的年度报告中公布在 95% 的置信水平下，其所有交易活动的 VaR 平均大约是 1500 万美元，其股东就可以很容易地评估他们是否可以承受这样一个风险水平。稍后由 J. P. Morgan 推出了计算 VaR 的 Risk Metrics 风险控制模型。在此基础上，又推出了计算 VaR 的 Credit Metrics TM 风险控制模型，前者用来衡量市场风险；J. P. Morgan 公开的

Credit Metrics TM 技术已成功地将标准 VaR 模型应用范围扩大到了信用风险的评估上，发展为信用风险估价（Credit Value at Risk）模型，当然计算信用风险评估的模型要比市场风险估值模型更为复杂。这种风险度量的方法后来在风险测量、监管等领域获得广泛应用，成为金融市场风险测度的主流。

VaR 方法是使用合理的金融理论和数理统计理论，定量地对给定的资产所面临的市场风险进行全面的度量。VaR 模型来自资产定价和资产敏感性分析方法与对风险因素的统计分析两种金融理论分析方法的融合。传统的名义值方法、敏感性方法、波动性方法是 VaR 方法出现的基础（见图 6-8）。

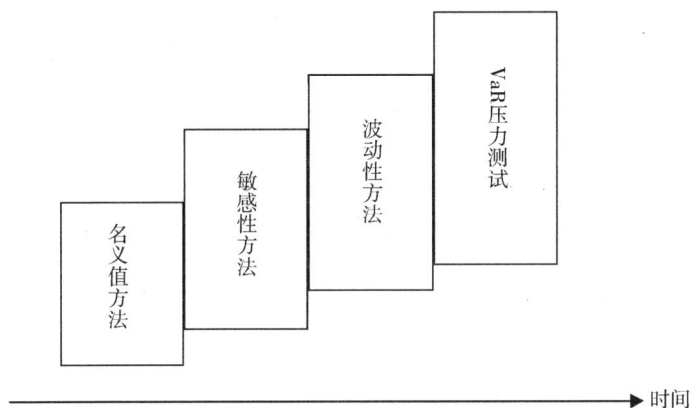

图 6-8 市场风险度量的历史演变过程

2. VaR 计算的基本原理

VaR，是指"处于风险中的价值"（Value at Risk），一般称为风险价值或在险价值，其含义是指在市场正常波动下，某一金融资产或证券组合的最大可能损失。J. P. Morgan 定义为：VaR 是在既定头寸被冲销（Be Neutraliged）或重估前可能发生的市场价值最大损失的估计值；而 Jorion 则把 VaR 定义为：给定置信区间的一个持有期内的最坏的预期损失。确切地说，VaR 描述了在某一特定的时期内，在给定的置信度下，某一金融资产或其组合可能遭受的最大潜在损失值；或者说在一个给定的时期内，某一金融资产或其组合价值的下跌以一定的概率不会超过的水平是多少。用公式表达为：

Prob（$\Delta P > VaR$）= 1-c

式中，ΔP 表示证券组合在持有期内的损失；VaR 表示置信水平 c 下处于风险中的价值。

"未来一定时期"和"给定的置信度"是 VaR 方法的两个基本要素。"未来一定时期"即时期单位可以是 1 天、2 天、1 周或 1 月等,对一些期限较长的头寸如养老基金包括企业年金基金可以以每月甚至更长的时期为周期。"给定的置信度"是概率条件。如时间为 1 天,置信水平为 95%(概率),所持股票组合的 VaR = 10 元,其含义就是:明天该股票组合可有 95% 的把握保证,其最大损失不会超过 10 元,或者是:明天该股票组合最大损失超过 10 元只有 5% 的可能。

VaR 方法的最大优点就是提供了一个统一的方法来测量风险,把风险管理中所涉及的主要方面——投资组合价值的潜在损失用货币单位来表达,简单直观地描述了投资者在未来某一给定时期内所面临的市场风险。它可以测量不同市场因子、不同金融工具构成的复杂证券组合和不同业务部门的总体市场风险暴露,使不同类型资产的风险之间具有可比性,逐渐成为联系整个企业或机构的各个层次的风险分析、度量方法。另外,VaR 方法可以用于多种不同的金融产品,并能对不同的金融产品和不同的资产类型的风险进行度量和累积,因而它能够用来对整个企业和跨行业的各种风险进行全面的量化。有了统一标准后,金融机构可以定期测算 VaR 值并予以公布,增强了市场透明度,有助于提高投资者对市场的把握程度,增强投资者的投资信心,稳定金融市场。VaR 可以事前计算,不仅能计算单个金融工具的风险,还能计算由多个金融工具组成的投资组合风险,有利于降低市场风险。

3. VaR 的主要计算方法①

到目前为止,VaR 的计算方法有很多,具体可以归纳为两种:①局部估值法(Local-valuation Method):通过仅在资产组合的初始状态做一次估值,并利用局部求导来推断可能的资产变化而得出风险衡量值,如德尔塔—正态分布法。②完全估值法(Full-valuation Method):通过对各种情景下投资组合的重新定价来衡量风险,如历史模拟法和蒙特卡罗模拟法。

VaR 目前使用较多的三种方法即德尔塔—正态分布法、历史模拟法和蒙特卡罗模拟法。

(1)德尔塔—正态分布法。假设组合回报服从正态分布,利用正态分布

---

① 本书的 VaR 主要计算方法是资产管理行业标准的通用方法,其方法价值在于企业年金基金投资风险管理的运用当中,在此不做模型、公式的求证、推导、分析。

的良好特性——置信度与分位数的对应性计算的组合的 VaR 等于组合收益率[1]的标准差与相应置信度下分位数的乘积：

$$VaR = Z_\alpha \sigma \sqrt{\Delta t}$$

式中，Z_α 表示标准正态分布下置信度 α 对应的分位数（如对应于 95% 的置信水平，$Z_\alpha = 1.65$；对应于 99% 的置信水平，$Z_\alpha = 2.33$）；σ 表示组合收益率的标准差；Δt 表示持有期。

正态分布法大大简化了计算量，但其具有很强的假设性，无法处理实际数据中的厚尾现象，具有局部测量性不足等问题。持有期和置信度是 VaR 两个重要的参数。对于不同的投资者和风险管理者，选择一个适当的持有期主要考虑以下因素：头寸的波动性、交易发生的频率、市场数据的可获性、监管者的要求等。通常情况下，养老基金包括企业年金基金计算 VaR 采用 1 月以上的时间周期作为持有期。

（2）历史模拟法。借助计算过去一段时间内的资产组合风险收益的频度分布，通过找到历史上一段时间内的平均收益，以及在既定置信水平 α 下的最低收益率，计算资产组合的 VaR 值。历史模拟法的核心在于根据市场因子的历史样本变化模拟证券组合的未来损益分布，利用分位数给出一定置信度下的 VaR 估计。"模拟"的核心是将当前的权数放到历史的资产收益率时间序列中。计算步骤为：

1）计算组合中第 i 只证券在时间 k 的收益率 $R_{i,k}$。

2）计算虚拟投资组合时间序列的收益率 $R_{p,k}$。

3）将可能的虚拟组合收益率从小到大排序，得到损益分布，通过给定的置信度对应的分位数求出 VaR。

计算公式为：

$$R_{p,k} = \sum_{i=1}^{N} w_{i,t} R_{i,k} \ (k = 1, \cdots, t)$$

式中，$R_{p,k}$ 表示投资组合在时间 k 的收益率，是构造的虚拟收益率；$w_{i,t}$ 表示当前时间 t 的投资权重；$R_{i,k}$ 表示组合中第 i 只证券在时间 k 的收益率。

历史模拟法的概念直观、计算简单、无须进行分布假设、可以有效地处理非对称和厚尾、可以较好地处理非线性市场大幅波动等情况、可以捕捉各种风险。历史模拟法的缺点是需要大量的历史样本数据、计算量巨大，而且它假定

---

① VaR 的计算中，收益率一般采用对数收益率，即 $R_t = LnP_t - LnP_{t-1}$，其中 P_t 表示第 t 天的收盘价。

市场因子的未来变化与历史完全一样，这与实际金融市场的变化是不一致的。

（3）蒙特卡罗模拟法（Monte Carlo Simulatoin）。基于历史数据和既定分布假定的参数特征，借助随机产生的方法模拟出大量的资产组合收益的数值，再计算 VaR 值。历史模拟法计算的 VaR 是基于历史市场价格变化得到组合损益的 n 种可能结果，从而在观察到的损益分布基础上通过分位数计算 VaR。蒙特卡罗模拟法模拟的 VaR 计算原理与此类似，不同之处在于市场价格的变化不是来自历史观察值，而是通过随机数模拟得到。其基本思路是假设资产价格的变动依附在服从某种随机过程的形态，利用电脑模拟，在目标时间范围内产生随机价格的途径，并依次构建资产报酬分布，在此基础上求出 VaR。

蒙特卡罗模拟法的操作主要包括三个步骤：

1）选择适合描述资产价格途径的随机过程。比如，对于股价或汇率的随机过程，多以几何布朗运动模型来描述。

2）依随机过程模拟虚拟的资产价格途径。

3）综合模拟结果，构建资产报酬分布，并以此计算投资组合的 VaR。

蒙特卡罗模拟法的主要优点是：可涵盖非线性资产头寸的价格风险、波动性风险，甚至可以计算信用风险；可处理时间变异的变量、厚尾、不对称等非正态分布和极端状况等特殊情景。主要缺点是：需要繁杂的电脑技术和大量的复杂抽样，既昂贵且费时；对于代表价格变动的随机模型，若是选择不当，会导致模型风险的产生；模拟所需的样本数必须要足够大，才能使估计出的分布得以与真实的分布接近。

4. VaR 在风险管理上的应用

相对于以往风险度量方法，VaR 的全面性、简明性、实用性决定了其在金融风险管理中有着广泛的应用基础，主要表现在风险管理与控制、资产配置与投资决策、绩效评价和风险监管等方面。"风险管理是养老基金管理的重要组成部分。[①]"

评价和管理企业年金基金投资风险，通常需要解决投资损失风险如何影响企业年金基金发起人和受益人的权益、影响的额度有多大、如何影响企业年金基金的投资收益率、如何影响企业和职工的缴费、对最终企业年金受益人权益影响有多大等问题。这些问题可以运用 VaR 方法加以解决，这正是企业年金基金投资风险管理的重要内容。

---

① 丹尼斯·罗格、杰克·雷德尔：《养老金计划管理》，中国劳动社会保障出版社 2003 年版。

虽然 VaR 方法的主要参数是时期和置信度，但其基础是价格、价格变化率、易变性、时间、利率以及这些因素之间的关联关系，企业年金基金投资风险管理，必须着重分析这些因素如何影响企业年金基金投资的投资收益和投资风险。

（四）我国企业年金投资风险防范

1. 防范企业年金投资的系统风险

风险是指对投资者预期收益的背离，或者说是证券收益的不确定性。企业年金基金投资的风险是指证券预期收益变动的可能性及变动幅度。风险可以分解为系统风险和非系统风险两大类。

系统风险（Systematic Risk）又称市场风险，也称不可分散风险，是指由于某种全局性的共同因素引起的投资收益的可能变动，这种因素以同样的方式对所有投资及金融产品的收益产生影响。这些因素包括社会、政治、经济等各个方面，它是由共同因素引起的。经济方面的如利率、现行汇率、通货膨胀、宏观经济政策与货币政策、能源危机、经济周期循环等。政治方面的如政权更迭、战争冲突等。社会方面的如体制变革、所有制改造等。这些因素来自企业和投资机构外部，是单一证券和机构无法抗拒和回避的，因此称为不可回避风险。企业年金投资的系统风险包括政策风险、经济周期波动风险、利率风险和购买力风险等。

（1）政策风险。企业年金基金投资的政策风险，是指政府有关企业年金、证券市场、宏观经济的政策发生重大变化或是有重要的法规、举措出台，引起企业年金证券投资的波动、资产配置比例的变化、投资管理行为的变更等，从而给企业年金基金及其投资组合带来的风险。企业年金基金投资由于国家政策、法律、法规等金融市场外部因素导致的企业年金基金投资风险。政策法规的变化，是企业年金基金投资约束的外在刚性的要求。

企业年金投资的政策风险，一方面来自企业年金行业本身的政策变化，另一方面来自企业年金基金投资的金融证券市场及其环境的政策变化。

企业年金行业本身，在中国的发展历史时间较短，企业年金基金投资的制度尚不完善，整个企业年金制度的法律效力还停留在部门规章的层次上，企业年金基金的投资制度和政府监管行为的可变性，都带来企业年金基金投资的政策的不稳定性。企业年金基金投资范围、资产配置比率、风险准备金的使用等政策的变化，都会给既定的企业年金基金投资组合带来新的风险。

企业年金基金所投向的金融市场尤其是证券市场，政府的制度和政策及其监管行为，直接影响证券市场的走势。金融证券政策应保持政策的稳定性和持续性，运用法律手段、经济手段和必要的行政管理手段引导证券市场长期健康稳定有序地发展。但是，在某些特殊情况下，政府也可能会改变发展证券市场的战略部署，出台一些扶持或抑制市场发展的政策，制定出新的法令或规章，从而改变市场原先的运行轨迹。一旦出现政策风险，几乎所有企业年金基金投资的证券都会受到影响，这就属于系统风险。

企业年金行业和企业年金基金投向的证券市场，还受整个经济大环境的影响。国家乃至国际政治经济文化的宏观政策性变化，都可能给企业年金经济投资带来新的风险。

（2）经济周期波动风险。就是货币市场和证券市场行情周期性变动而引起的风险。这种行情变动不是指货币资产价格和证券价格的日常波动和中级波动，而是指货币资产价格和证券行情长期趋势的改变。

企业年金基金投资的产品价格变动受多种因素影响，但决定性的因素是经济周期的变动。经济周期是指社会经济阶段性的循环和波动，是经济发展的客观规律。一个经济周期包含衰退、萧条、复苏、繁荣四个阶段。经济周期又有短期、中期、长期不同的周期。经济周期的变化决定了企业的景气和效益，从而从根本上决定了货币市场、债券市场、股票市场的变动趋势。企业年金基金投资的产品随经济周期的循环而起伏变化，整体上企业年金基金的投资收益随经济周期的起伏而起伏。

（3）利率风险。即市场利率变化引起投资收益变动的可能性。市场利率的变化会引起货币工具和证券价格变动，并进一步影响货币资产和证券收益的确定性。利率与证券价格呈反方向变化，即利率提高，证券价格水平下跌；利率下降，证券价格水平上涨。原本投资于固定利率的金融工具，当市场利率上升时，可能导致其价格下跌的风险。利率变化还影响金融市场供求、实体经济的效益，这些都会影响金融资产价格。利率风险是期限（期限越长，对利率越敏感）、现金流（现金流越低，对利率越敏感）和现在的利率水平（利率水平越高，对利率的变化越不敏感）的函数。因为这些因素对于不同的证券资产、不同的固定收益证券的影响各不相同，对不同的债务结构和资产的影响也不相同。企业年金基金投资货币类资产和固定收益类资产的比例较大，利率风险也因此较大。利率风险是资产价格的风险。利率的变化显然影响企业年金计划的充足性。

（4）购买力风险。又称通货膨胀风险，是由于通货膨胀、货币贬值给投资者带来实际收益水平下降的风险。

在货币经济环境下，所有金融投资都面临通货膨胀风险。企业年金基金投资的通货膨胀风险，是指由于通货膨胀的影响，导致企业年金基金投资绩效受损，投资风险加大，乃至影响企业年金基金的缴费和支付，尤其是最终影响企业年金基金的支付能力。

通货膨胀影响所有金融市场的金融工具的内在价值和投资收益率。对确定缴费型企业年金基金来说，通货膨胀的影响主要通过受益人资产的购买力的潜在下降来体现。如同确定给付型基金所面临的情形，确定缴费型企业年金基金或许提高缴费，或许取得更好的投资收益来抵消通货膨胀对企业年金基金的影响。

目前我国的物价水平基本稳定，但是，我们的企业年金基金设计和企业年金基金投资管理当中，对于长期温和的通货膨胀以及可能潜在急剧的通货膨胀，并没有引起足够的重视。一些企业年金基金发起人和参与人误以为与工资关联的企业年金基金，工资增加会提高企业年金到期的支取额度，其实这只是表象，并未对企业年金基金有根本影响。从现实来看，在 20 ~ 30 年里即使是温和的通货膨胀，企业年金基金受通货膨胀的影响都非常巨大。对待这种形式的通货膨胀风险的正确方法是，在企业年金基金设计和企业年金基金投资管理当中，把通货膨胀作为一个重要的风险因素纳入企业年金基金设计和企业年金基金投资管理当中。在企业年金基金设计阶段，充分预估未来通货膨胀对企业年金基金积累的影响，最好是设计与通货膨胀指数挂钩的企业年金基金，从根本上化解通货膨胀对退休支付能力的影响。在企业年金基金投资管理过程中，根据不同的通货膨胀环境，调整和优化企业年金基金资产战略配置，有效降低企业年金基金的投资风险。

2. 防范企业年金投资的非系统风险

非系统风险，是指只对某个行业、某个市场、个别金融产品、个别公司的资产价格产生影响的风险。通常由某一特殊因素引起，与整个金融市场的价格不存在系统、全面的联系，而只对个别或少数金融工具的收益产生影响。这种风险也称为可分散风险或可回避风险，可以通过分散投资来降低甚至抵消。非系统风险包括信用风险、经营风险、财务风险等。

（1）信用风险。又称违约风险，是指交易对手未能履行约定契约中的义务而造成经济损失的风险，即受信人不能履行还本付息的责任而使授信人的预期收益与实际收益发生偏离的可能性，它是投资风险的主要类型。债券、优先股、普通股都可能有信用风险，但程度有所不同。信用风险是债券的主要风险。一般认为中央政府债券几乎没有信用风险，其他债券的信用风险依次从低到高排列为地方政府债券、金融债券、公司债券。在债券和优先股发行时，要进行信用评级，投资者回避信用风险的最好办法是参考证券信用评级的结果。信用级别高的证券信用风险小；信用级别越低，违约的可能性越大。企业年金基金投资，从风险防范的角度，对所投资的资产，应该按照信用风险由低到高进行选择。

（2）经营风险。决策人员与管理人员在经营管理过程中出现失误而导致公司盈利水平变化，从而使投资者预期收益下降的可能。经营风险来自内部因素和外部因素两个方面。经营风险主要通过盈利变化产生影响，对不同证券的影响程度也有所不同。经营风险既是企业决策者带来的风险，也是投资决策的重要风险。经营风险是普通股票的主要风险。公司盈利的变化同样可能使公司债的价格呈同方向变动，因为盈利增加使公司的债务偿还更有保障，信用提高，债券价格也会相应上升。经营风险的识别和防范，影响企业年金基金投资对股票、债券的选择，是企业年金基金投资证券选择的一个重要内容。

（3）财务风险。公司财务结构不合理、融资不当而导致投资者预期收益下降的风险。企业年金基金投资股票，财务风险中最大的风险当属公司亏损风险。财务风险管理，主要采取如下措施：一是资产负债匹配技术，确保在每个时点所拥有的年金资产和负债保持一个协调的比例；二是现金流量分析技术，目的是保持年金基金的流动性，确保当期的养老金兑现；三是账户管理人应随时接受委托人和职工对个人账户基金资产状况信息的查询和监督，同时还要接受社会的监督，如精算师、律师、会计师的监督。

（4）关联风险。又称主办人关联风险或者企业年金基金关联风险，是指企业年金基金大量投资于企业年金基金发起人即企业年金主办人的资产，这样，企业年金主办人的运营情况、财务状况、管理状况等直接影响企业年金基金的投资绩效，甚至影响到企业年金的缴款和支付。

关联风险对于企业年金基金投资有正反两方面的影响。一方面，当企业年金主办人经营状况良好、业绩优异、企业价值或企业资产价值提升的阶段，对企业年金主办人资产的投资，将提升企业年金基金的投资绩效，降低企业年金基金投资的风险；另一方面，关联风险使企业年金基金的投资绩效严重依赖企业年金主办人企业资产的质量，不能更大范围地分享金融市场各种金融工具提供的投资机会，同时，如果企业年金主办人资产质量下降，将导致企业年金基金投资绩效下降，扩大企业年金基金投资风险。

我国目前一些大型的企业年金基金选择主要投资于企业年金基金主办人的资产如主办人发行的各种企业债券等，企业年金主办人和投资管理人，要充分意识到这种投资政策的利弊。大家熟知的"安然事件"就是企业年金基金集中投资于企业年金主办人的资产，结果导致企业年金基金投资失败，几至其基金无力兑付职工的养老金。

所以，认识了企业年金基金投资的关联风险，在企业年金基金的投资政策设计当中，必须严格限制对企业年金基金主办人发行的证券的投资。从风险分散的角度来看，甚至对于与企业年金主办人关联的行业、企业的投资，都必须加以限制。如电力行业的企业年金基金，其企业年金基金投资，对于电力行业上下游的行业、企业的投资如发电企业、电网企业、电力服务企业等，都必须持以谨慎的态度，制定明确的投资政策，以期控制风险。

（5）集中风险。企业年金基金过度集中投资于某类或某一资产的风险。过度集中投资导致的风险包括：使企业年金基金过度依赖于企业年金基金发起人和参与人的缴费而不是投资绩效。使投资组合不能实现必要的投资分散，不能有效地降低投资组合的非系统风险。不能有效地分享其他金融工具提供的投资机会，委托人和受益人的利益受到了损害。

控制企业年金基金投资的集中风险，有效的办法包括：制定投资分散化为原则的投资政策、设计分散化的投资资产配置策略、检查和督促实施分散的投资操作策略。

从目前我国企业年金基金的投资结构来看，我国企业年金基金的投资大部分集中投资于银行储蓄产品和债券尤其是国债。银行储蓄产品和债券类投资产品，风险低、安全性强，但是，并不等于没有投资风险。而且，从长周期来看，货币类和固定收益类投资工具虽然风险较低，但长期收益率远远低于权益类投资工具。这些投资工具的投资风险和目前我国企业年金基金的投资结构风险，急需我国企业年金的主办人、受益人和投资管理人充分认识清楚并加以防范。

企业年金基金投资集中风险的控制方法主要是投资的分散化，但也有例外。如果企业年金基金规模足够大，可以通过设计不同的组合，分别投资不同类别的资产，各投资经理只需在本类别里实行资产分散化即可。"假设你的养老基金很大，你打算雇用很多名经理，让每名经理管理一定比例的资产……这意味着这个养老基金实际成了投资经理的组合。每个经理都可以按照他的专长来进行投资，而不必注意分散化的问题，因为整个基金在不同的有管理的证券之间就已经实现了收益的分散化。[①]"

（6）管理风险。投资管理人通过进行投资组合来达到一定的收益率水平，但是由于企业年金基金投资管理人可能出现投资决策失误，管理费用较高，财务不健全或是渎职，从而影响企业年金基金的收益率甚至导致企业年金基金亏损，带来企业年金投资管理风险。建立风险准备金制度可以减少这种情况发生。风险准备金制度的建立，对保持企业年金基金稳定、健康发展具有重要的意义：它的设立能够有效减少企业年金基金大幅波动的风险，从而确保企业年金基金持续的保值增值；风险准备金是由企业年金基金投资管理人出资设立的，作为企业年金基金投资运营成本而存在。那么在进行企业年金基金投资时，势必会促使企业年金基金管理人增加投资收益，减少成本，从而增加企业年金基金运营的效率。因此，风险准备金制度能激励每一个投资管理人采取积极的措施提高企业年金基金的投资收益率。

为严格控制企业年金的操作风险，应区别不同风险的特性采取风险管理措施。对于制度风险，主要通过完善内部制度，并增强制度可操作性等手段来实现。对于人员风险，主要需要通过员工行为准则、保密制度、内部风险控制制度及各部门的业务规则等来对员工的行为做出约束，防范道德风险的发生，避免员工的越权操作、违法操作等。独立性风险既是一种制度风险，又是一种人员风险，所以对于独立性风险的管理，也应从这两个方面入手。除此之外，由于其特殊性，还需通过其他一些措施，使独立性风险尽量降低。分账户管理制度是指对于每个委托人的资产，分别设立单独的账户，各账户之间独立操作、独立核算。同时，受托进行企业年金基金管理的账户与投资管理机构所管理的其他资产（如基金管理公司所管理的公募基金）之间严格分离，以确保年金资产的安全性。除了进行分账户管理外，投资管理机构在人员上也应进行相应的设置，以适应企业年金投资管理业务的要求。如设立独立的部门，专门负责企业年金投资运作，部门内的人员和业务都应与其他资产管理业务相独立。投资决策也应独立完成。企业年金投资和其他资产管理的投资可以共用一个交易平台，但具体负责交易的人员应实现分离和独立，相互之间不能进行对方的投资交易。在部门之间也应体现独立性，如投资决策和具体交易操作相分离、前

---

① 兹维·博迪、亚力克斯·凯恩、艾伦·马科斯：《投资学精要》，中国人民大学出版社 2007 年版。

台交易与后台结算相分离、货币及有价证券的保管与账务记录相分离、损失的确认与核销相分离、风险评定人员与业务办理岗位相分离、研究与投资决策相分离，等等。

（五）企业年金投资的风险准备金制度

为了确保企业年金基金持有人的利益，很多国家对企业年金收益都进行某种程度的担保。作为保证，养老金监管机构要求各养老基金采取一些保证措施：或出资成立中央担保基金，或自行提取一定比例作为储备，或由基金管理公司的自有资本作支撑。风险保证金的规模总体上根据企业年金基金的资产规模或基金承担风险的大小来确定风险储备的规模和比例。

中国企业年金法规对企业年金基金投资的风险作出了风险准备的规定。投资管理人从当期收取的管理费中，提取 20%作为企业年金基金投资管理风险准备金，专项用于弥补合同终止时所管理投资组合的企业年金基金当期委托投资资产的投资亏损。当合同终止时，如所管理投资组合的企业年金基金财产净值低于当期委托投资资产的，投资管理人应当用风险准备金弥补该时点的当期委托投资资产亏损，直至该投资组合风险准备金弥补完毕；如所管理投资组合的企业年金基金当期委托投资资产没有发生投资亏损或者风险准备金弥补后有剩余的，风险准备金划归投资管理人所有。

企业年金基金投资管理风险准备金应当存放于投资管理人在托管人处开立的专用存款账户，余额达到投资管理人所管理投资组合基金财产净值的 10%时可以不再提取。托管人不得对投资管理风险准备金账户收取费用。风险准备金由投资管理人进行管理，可以投资于银行存款、国债等高流动性、低风险金融产品。风险准备金产生的投资收益，应当纳入风险准备金管理。

二、企业年金投资绩效评估

（一）企业年金投资评估的必要性

企业年金投资绩效评估是对企业年金投资管理的成本与收益、风险与收益、绩效来源的评估。企业年金投资绩效评估和反馈作为企业年金基金投资管理的重要环节，其作用是无可替代的。① "作为养老基金的发起人、管理人、投资经理、受托人，必须定期评价养老基金的投资绩效，这是他们肩负的信托责任。②"

企业年金投资绩效评估及反馈的重要作用不仅在于评价，而且在于向企业年金投资管理过程提出改进意见，有助于投资运作水平得到不断改善和提高，使企业年金基金更好地实现增值。通过绩效评估，可以发现企业年金投资战略资产配置和战术资产配置的成功与失败的原因，探索如何在下一阶段的企业年金投资过程当中发现投资机会、防范投资风险。企业年金投资绩效评估的核心要素是收益和风险。企业年金投资绩效评估以绩效评估和风险评估为基础，对投资组合的收益进行风险调整，通过基准比较和分类比较，形成对投资决策委员会及基金经理的绩效与能力判断，并使用绩效归因模型分析投资组合超额收益的来源，形成对投资管理人和基金经理的行为专业、公正的评价与建议。"绩效评价可以帮助养老金计划发起人做出雇用谁、继续聘请谁和解雇谁的决定。尽管绩效评价不能预测未来，但它确实改善发起人的决策，确实让人明白监督正在进行，也确实刺激各方就投资绩效可能不足这一问题进行交流。通过对历史业绩的评价和未来投资决策的制定，它的确开拓了一条在未来实现更好业绩的途径——一条以我们所讨论的绩效度量技术为开头的途径。③"

企业年金投资绩效评估包括企业年金受托机构和投资管理机构分别做出的投资绩效评估，也包括第三方即中介机构做出的企业年金投资绩效评估。由于委托人即企业年金主办方与受托机构、投资管理机构之间的关联关系，企业年金投资绩效评估以第三方即中介机构的评估为主。

（1）受托机构和投资管理机构与委托人有利益关联关系，委托人不能完全采信受托机构和投资管理机构的评估公正地评估受托人和投资管理人。

（2）投资收益评估需要投资管理的专业支持，企业委托人培养投资管理专业能力成本过大。

（3）评估需要为委托人、受托机构、投资管理机构接受，评估机构及评估报告要有行业公信力，需要委托行业公认的中介机构评估。

（4）企业年金计划平均投资时限达 30 年左右，通过评估和专业建议，促进提高企业年金基金投资收益率。每年平均提高千分之几的投资收益率，在

---

① 孙建勇：《企业年金管理指引》，中国财政经济出版社 2004 年版。

②③ 丹尼斯·罗格、杰克·雷德尔：《养老金计划管理》，中国劳动社会保障出版社 2003 年版。

30 年里将为企业年金基金带来巨大的收益。

（5）区别于内部投资管理机构之间的比较，把单一企业年金基金与全国同类企业年金基金进行比较评估，可以更客观、公正地评估年金基金的投资管理机构，更能发现投资风险和投资机会，更好地促进投资管理目标的实现。

（6）评估年金基金各个投资组合的资产类别、收益来源，发现既往投资的风险与问题、失败的原因和成功的经验，促进投资基准、投资策略、投资组合优化，挖掘未来投资机会，促进投资管理。

（7）借助第三方投资绩效评估，协调企业年金委托人、受托人、投资管理人、中介机构共同已经投资策略和投资管理，防范风险，提高投资收益率。

（8）以第三方客观、公正评估为基础，使企业集团的企业年金基金管理委员会或理事会对所在企业集团、企业员工（企业年金受益人）有专业、客观、公正的报告。体现企业集团内部企业年金管理的专业性、公正性及其勤勉尽职。

（二）企业年金投资评估的目标

企业年金投资绩效评估，是对企业年金过往投资管理行为与成果、未来投资的策略的整体评估。过往投资实践可以反映企业年金投资管理人的投资理念、方法、策略，发现其投资的经验与风险，为以后的投资提高投资能力、防范投资风险。通过企业年金投资绩效评估，可以掌握：

（1）企业年金投资管理人是否按照企业年金计划发起人和受托人所制定的投资策略和准则进行投资。

（2）投资管理人的业绩在全国企业年金投资管理行业乃至整个投资管理行业的业绩比较。

（3）投资业绩是否达到投资管理合同规定业绩基准。企业年金投资管理是否实现其投资目标。没有达到投资业绩基准的原因分析。现行的投资政策和策略是否有助于或有损于企业年金目标的实现。

（4）企业年金投资管理人的投资行为是否遵从于事先描述的投资策略，其投资理念、策略、方法是否具有一致性和稳定性。

（5）投资管理费的提取是否符合企业年金政策法规和投资管理合同规定。

（6）通过评估企业年金的投资绩效来评估企业年金投资管理人的投资能力。

（7）企业年金投资管理人的投资行为是否符合政策法规的限制。

（8）相对于其他可选择的投资策略而言，企业年金经理所运用的投资策略是否表现得更好，企业年金的表现是否好于那些未曾积极管理的基准投资组合。是否需要调整投资政策和策略。优化投资策略提高投资收益率的建议。

（9）新年度企业年金投资策略评估与建议。新年度追加投资分配建议。

（10）相对于其他投资管理人，被评估的对象是否表现更加优秀，是否需要调整和更换企业年金投资管理人。

（三）企业年金投资绩效评估的程序

企业年金投资绩效评估围绕收益与风险、收益归因等展开。绩效评估是绩效评估的基础。绩效评估需要使用统一的绩效评估方法，不同的评估方法和标准可以带来不同的评估结论，统一的绩效评估方法可以提高绩效评估的客观性、公正性和准确性。任何投资组合都是在承担一定风险的前提下获得收益的，因此在考察企业年金基金投资组合业绩时，必须同时对投资组合所承担的风险进行科学的度量，对投资收益进行风险调整，在企业年金基金委托人所承受风险的条件下评价所获得的投资收益率。

企业年金基金投资绩效评估的主要程序如下：

1. 收集企业年金投资绩效评估基础资料

基础资料主要包括企业年金基金受托管理机构和投资管理机构按季度和年度提供的企业年金基金受托管理报告、投资管理报告。绩效评估的数据应使用企业年金基金的会计核算数据和交易数据，输入的数据应保持一致性，是完整的、经过核实的、按有关合同办法核算出的数据。投资基准和无风险收益应在合同中约定。大型企业年金基金受托机构、投资管理机构本身制作的企业年金投资绩效评估报告也可作为最终整体投资绩效评估报告的参考资料。

2. 设定业绩基准

业绩基准（Performance Benchmark）是企业年金基金投资绩效评估的比较基准。业绩基准根据企业年金基金受托管理合同和投资管理合同，合同必须确定合适的指数或目标作为业绩基准。企业年金投资业绩基准包括企业年金指数、法定存款利率、通货膨胀率等。

3. 建立分类比较数据库

分类比较法是企业年金基金投资绩效评估的重要方法。客观的分类比较，才能得出企业年金基金投资绩效评估的客观公正的结论。分类比较数据库的建立是企业年金投资绩效评估的一个前提。企业年金投资绩效评估分类比较数据库包括单一企业年金计划多个投资管理组合的收益风险数据、全国企业年金基金同期投资收益率数据、其他企业年金基金投资收益率数据。分类数据库可以包含参考性的数据如股票型基金、货币型基金、债券型基金、全国社保基金、其他养老基金的投资收益率数据。数据库数据以同期数据为主，多期数据作为参考。

4. 计算净值增长率

净值增长率有不同的计算方法，一般采用时间加权收益率计算方法，计算各个企业年金投资组合及企业年金基金的净值增长率（周、月、季、年度），与业绩基准进行比较，可以采取数据比较或者曲线图、柱状图进行。通过比较发现投资过程的风险、投资管理的风格特点、投资管理的能力水平、投资管理的风险。如果企业年金基金净值出现异常大幅波动，进行原因分析。

5. 风险分析与评估

计算基金资产的类别分布、行业分布、市盈率、市净率、持仓结构、重仓品种等，以投资回报与市场指数和业绩基准相比较，对异常差异进行原因分析。企业年金基金投资绩效评估应本着既要考虑投资收益率的高低，又要考虑投资风险的大小的原则进行，计算企业年金基金投资组合的波动度、BETA 系数、跟踪误差、VaR 等风险指标。对各风险指标在各投资组合之间及其他企业年金基金投资组合之间进行比较分析。

6. 计算经风险调整后的基金业绩

不同的投资组合有不同的投资风格，承担不同的投资风险，经风险调整的投资收益，才有客观的可比性。企业年金基金投资收益的风险调整，一般使用多种经风险调整的超额收益评价指标——夏普指数、特雷诺指数、詹森指数；另外，也可以使用多因素的分析方法，如信息比率、Fama 收益风险归属、择时能力、现金管理和预测成功率、双贝塔方法等，分析和评估基金的运作状况。

7. 计算经流动性风险调整后的业绩表现

流动性风险是指没有足够资金以满足到期债务支付的风险。作为企业年金基金，存在退休人员支取企业年金产生的流动性风险。流动风险亦来源于因部分投资品种交易不活跃而出现的变现风险，以及因投资集中而无法在市场出现剧烈波动的情况下以合理价格变现投资的风险。企业年金基金不能持有具有重大流动性风险的投资品种。通过流动性指标体系的设计，在评价企业年金基金的投资业绩时，将流动性风险的高低当成业绩的抵减因子，根据流动性风险对业绩进行相应的调整。该方法有助于引导形成以组合投资为主导的投资风格，同时又可避免基金经理为了片面追求业绩而产生的高风险。

8. 绩效归因分析

从投资收益归属的角度，企业年金基金的业绩可以分解为：市场基准业绩、资产配置业绩、资产选择业绩、行业配置业绩、证券选择业绩、市场时机选择业绩等几部分。从投资风险归属的角度，可以进行企业年金基金投资标准差、跟踪误差、VaR 的边际分析和成分分析等。

9. 评价基金业绩的持续性

为了确保企业年金基金能够获得长期稳定的投资收益，还可以通过多种方法如评估投资管理人的理念、行为、方法、产品、时机、风格等来评估和评价基金业绩的持续性。投资理念、方法、行为的一致性，才能带来业绩的持续性。

10. 评估未来投资策略

企业年金基金受托机构和投资管理机构对未来投资的分析、策略，是企业年金投资绩效评估的一个重点。通过对企业年金基金受托机构、投资管理机构提出的未来宏观经济分析、行业分析、股票市场分析、债券市场分析、货币市场分析、投资计划和策略的分析评估，为企业年金基金未来的投资策略和投资行为提出建议。

（四）企业年金基金净值收益率的计算方法

企业年金基金的投资收益率越高，企业年金缴费率就越低，企业和职工的负担越低，未来的退休替代率越高。收益率的计算方法、计算周期不同，会导致企业年金基金投资收益率的计算结果的不同。使用相同方法计算的企业年金基金投资净值收益率，才具有绩效评估的可比性。

1. 简单（净值）收益率计算

企业年金基金投资简单（净值）收益率的计算不考虑分红再投资时间价值的影响，计算公式如下：

$$R = \frac{NAV_t + D - NAV_{t-1}}{NAV_{t-1}} \times 100\%$$

式中，R 表示简单收益率；NAV_t、NAV_{t-1} 表示期末、期初基金的份额净值；D 表示在考察期内，每份基金的分红金额。

2. 时间加权收益率

企业年金基金投资时间加权收益率的假设前提，是红利以除息前一日的单位净值减去每份基金分红后的份额净值立即进行了再投资。分别计算分红前后的分段收益率，企业年金基金投资时间加权收益率可由分段收益率的连乘得到：

$$R = \left[\frac{NAV_1}{NAV_0} \cdot \frac{NAV_2}{NAV_1 - D_1} \cdot \cdots \cdot \frac{NAV_{n-1}}{NAV_{n-2} - D_{n-2}} \cdot \frac{NAV_n}{NAV_{n-1} - D_{n-1}} - 1 \right] \times 100\%$$

式中，NAV_0 表示基金期初份额净值；NAV_1、$\cdots$、NAV_{n-1} 分别表示除息前一日基金份额净值；NAV_n 表示期末份额净值；D_1、D_2、$\cdots$、D_{n-1} 表示份额基金分红。

资金都有时间价值。简单（净值）收益率没有考虑分红的时间价值，只是一种基金收益率的近似计算。时间加权收益率考虑到了分红再投资，可以更准确地对企业年金基金的真实投资表现做出评估，现已成为评估企业年金基金投资收益率的标准方法。

3. 算术平均收益率与几何平均收益率

在对企业年金基金投资多期收益率的评估与比较上，通常使用平均收益率指标。企业年金基金投资平均收益率的计算方法有两种：算术平均收益率与几何平均收益率。

企业年金基金投资算术平均收益率的计算公式如下：

$$\overline{R}_A = \frac{\sum\limits_{t=1}^{n} R_t}{n} \times 100\%$$

式中，R_t 表示各期收益率；n 表示期数。

企业年金基金投资几何平均收益率的计算公式如下：

$$\overline{R}_G = \left(\sqrt[n]{\prod_{t=1}^{n} (1 + R_t)} - 1 \right) \times 100\%$$

式中，$\prod$ 表示连乘符号。

算术平均收益率用作对平均收益率的无偏估计，更多地被用来对将来收益率的估计。算术平均数高估了企业年金基金投资的收益率，算术平均收益率要大于几何平均收益率，每期的收益率差距越大，两种平均方法的差距越大。企业年金基金投资几何平均收益率能正确地算出投资的最终价值，可以准确地评估基金表现的实际收益情况，常用于对企业年金基金过去收益率的评估上。

1 年以上的企业年金基金投资长期收益率往往需要转换为便于比较的年平均收益率。对 1 年以下的收益率一般不进行年平均收益率的计算。

4. 年化收益率

年度企业年金基金投资收益评估，需要将阶段收益率换算成年收益率，即年度化收益率（简称年化收益率）的计算。年化收益率有简单年化收益率与精确年化收益率两种计算方法。已知季度收益率，简单企业年金基金投资年化收益率的计算公式如下：

$$R_{年} = \sum_{i=1}^{4} R_i$$

式中，$R_{年}$ 表示年化收益率；R_i 表示季度收益率。

已知季度收益率，精确企业年金基金投资年化收益率的计算公式如下：

$$R_{年} = \prod_{i=1}^{4} (1 + R_i) - 1$$

依此类推，可以将企业年金基金投资周收益率、月收益率转换为年化收益率。

（五）企业年金投资收益率的评估方法

时间加权收益率给出了企业年金基金投资管理人的绝对表现，但委托人、受益人、受托人即企业和职工无法据此判断企业年金基金投资管理人业绩表现的优劣。企业年金基金投资表现的优劣，需要通过相对表现才能做出客观、公正的评估。分组比较与基准比较是两个最主要的企业年金基金投资绩效评估的比较方法，也为委托机构、受托机构、受益人及其他相关机构最容易理解和接受。这两种方法各有优劣，需要综合运用，才能客观、公正评估投资收益率。

1. 分组比较法

企业年金基金投资收益率分组比较法就是根据资产配置、风格、投资区域、投资时机、投资策略、投资目标的不同等，将具有可比性的相似企业年金基金或投资组合归类进行投资收益率的相对比较，比较结果通常以排序、百分位、星号等形式给出。企业年金基金投资收益率分组比较的基本思路是，通过恰当的分组，尽可能地消除由于类型差异对基金经理人相对业绩所造成的不利影响，客观、公正、科学地比较评估投资管理人的投资业绩。如果进行不分组的全域比较，很多企业年金基金的投资目标约束不同、投资策略不同、资金注入时间不同，即使进行企业年金基金投资收益率的排序，排序结果并不能客观、公正地反映投资管理人的管理行为和结果。尤其是企业年金基金投资管理在整个资产管理行业，企业年金基金的投资政策与其他资产管理如公募基金等不同，因此，企业年金基金投资的业绩与其他资产管理的业绩比较只能做参考而不具有可比性。

企业年金基金投资收益率分组比较法在实践当中可以选取两类指标：可比性指标、参考性指标。

企业年金基金投资收益率分组比较的可比性指标可以选取一只企业年金基金内部不同的投资组合的投资收益率、全国企业年金基金投资收益率、地区企业年金基金投资收益率、其他企业年金基金投资收益率、中国企业年金基金指数、具有公信力的中介机构采集的企业年金基金投资收益率等。

企业年金基金投资收益率分组比较的参考性指标可以选取全国社保基金投资收益率、股票基金投资收益率、混合型基金投资收益率、债券型基金收益率、货币型基金收益率、其他机构投资收益率等。参考性指标的选用，只是对可比性指标的补充。由于企业年金基金的投资政策与参考性指标对应的基金的投资政策不同，参考性指标不能作为评价企业年金基金投资收益率的比较指标。

进行企业年金基金投资收益率分组比较，必须建立企业年金基金投资收益率数据库，数据库应该包含上述可比性指标和参考性指标不同时期的数据，数据越全、时期越多越有利于评估，数据的出处必须是来自权威的专业的具有公信力的机构包括政府监管部门、行业自律组织、企业年金基金管理机构、具有公信力的媒体和中介机构。数据的可得性、可靠性是分组比较的基础。

2. 基准比较法

企业年金基金投资收益率基准比较法，即通过给被评估的企业年金基金定义一个适当的基准组合，比较企业年金基金投资收益率与基准组合收益率的差异，据此对企业年金基金及其各投资组合的表现加以评估。设置的基准组合必须是可投资的、未经管理的、与基金具有相同风格的组合。"通过基准组合，基金经理的实际投资收益就可以和专门构建的证券组合进行比较，这才具有意义"[①]。良好的基准组合应该具有如下特征：组成成分明确；构成组合的成分证券的名称、权重是非常清晰的；可实际投资：可以通过投资基准组合来跟踪

---

① 丹尼斯·罗格、杰克·雷德尔：《养老金计划管理》，中国劳动社会保障出版社 2003 年版。

积极管理的组合；可评估：基准组合的收益率具有可计算性；适当：与被评价基金具有相同的风格与收益风险特征。

企业年金基金投资业绩基准一般需要预先确定，在企业年金基金受托管理合同、投资管理合同中加以明确。基准组合的设置先于被评估基金的设立。基准组合可以是全市场指数、风格指数，也可以是由不同指数复合而成的复合指数。业绩基准也可以是证券市场其他具有可比性的指数、货币市场的存款收益率等。业绩基准的选用，是委托人、受托人、投资管理人共同协商确定的指标，是委托人和受益人的期望目标、投资管理人行为的目标。

企业年金基金投资业绩基准尤其适合采用具有公信力的中介机构的专业的企业年金指数。中国养老金网、路透社等中介机构，已经建立了专业的中国企业年金指数，反映在可供中国年金计划投资的货币类市场、权益类市场和固定收益类市场之间进行不同资产配置的市场表现，指数系列可以为中国年金计划提供投资业绩评估基准，为中国企业选择优秀的年金计划投资管理人提供直接有效的评价工具。企业年金指数按照企业年金基金管理法规规定不同类别投资比例的限制，选取适合的中国证券市场相关指数，加权计算得出企业年金指数。选取资产类别不同的比例，可以编制不同风格的指数。选取指数包含中国证券市场的权益市场、货币市场、债券市场。权益类市场基准指数一般选取沪深 300 指数，沪深 300 指数是一个跨市场成分指数，由中证指数有限公司编制发布。指数样本选自沪深 A 股市场，由 300 只规模大、流动性好的股票组成，覆盖了沪深市场 70% 左右的市值，综合反映了沪深两个市场整体走势，具有良好的市场代表性和可投资性。固定收益类市场基准指数一般选取中国债券指数，中国债券指数是一个反映中国债券市场整体特征的指数，由中央国债登记结算有限责任公司编制发布，采用市值加权法计算，样本是所有流通的符合指数设计原则的记账式国债、金融债券，基期 80 只，发行人包括财政部、国家开发银行、中国进出口银行及各类金融机构和企业，覆盖全国银行间债券市场（含债券柜台交易市场）和交易所债券市场，种类包括零息债券、利随本清债、附息债券和含期权债券，具有很好的市场代表性。货币类市场基准指数一般采用中国人民银行发布的一年期存款利率。指数运算采用如下公式：

$$\text{TBCPI}_t = \left[\frac{EI_t}{EI_0} \times W_E + \frac{FI_t}{FI_0} \times W_F + \left(1 + \sum_{n=1}^{t} R_n \right) \times W_C \right] \times \text{TBCPI}_0$$

式中，TBCPI$_0$表示每月最后一个双交易日[1]中国年金指数；TBCPI$_t$表示当前计算日[2]中国年金指数；W$_E$表示权益类资产配置权重；W$_F$表示固定收益类资产配置权重；W$_C$表示货币类资产配置权重；EI$_0$表示每月最后一个双交易日沪深300指数；EI$_t$表示当前计算日沪深300指数[3]；FI$_0$表示每月最后一个双交易日中国债券指数；FI$_t$表示当前计算日中国债券指数[4]；R$_n$表示日利率＝一年期存款利率/360；$\sum_{n=1}^{t}$ R$_n$表示每月最后一个双交易日次日[5]起到当前计算日的一年期存款累计日收益率。

（六）企业年金风险调整绩效评估方法

投资收益是在承担相应风险的基础上取得的成果，单纯以投资收益不能客观地度量企业年金基金的投资绩效。投资收益率高的企业年金基金可能是由于所承担的风险较高使然，并不表明企业年金基金投资管理人在投资上有较高的投资技巧；而投资绩效表现差的基金可能是风险较小的基金，并不必然表明企业年金基金投资管理机构的投资能力水平低。"若要用经济上敏感、管理上有用的方法来度量投资绩效，那么就必须将预期收益和预期风险联系起来，而比较标准则应采用常见资产管理工具所取得的收益作为基准水平。[6]"企业年金基金风险调整绩效评估方法就是通过对收益加以风险调整，得出同时对收益与风险加以分析的综合指标，从而可以客观、公正、可比地对企业年金基金及其投资组合的业绩进行评估。基金三大经典风险调整绩效评估方法特雷诺指数、夏普指数、詹森指数和其他新的绩效评估方法如信息比率、M^{2}测度等，可以运用于企业年金投资的风险调整绩效评估。

对三大经典风险调整绩效评估方法和其他新的绩效评估方法，必须综合考虑综合运用。夏普指数与特雷诺指数是一种比率评估指标，给出的是单位风险的超额收益率。詹森指数给出的是差异收益率。比率评估指标与差异评估指标在对企业年金基金绩效的排序上有可能得出不同的结论。夏普指数与特雷诺指

---

[1]　由于股市和债市交易日不尽同步，每月最后一个双交易日特指每月两个市场均开市的最后一天。

[2]　年金指数是每日连续计算，当前计算日是指自然日。

[3]　在沪深股市闭市期间的计算日，该指数等于最近前一个交易日的沪深300指数。

[4]　在债券市场闭市期间的计算日，该指数等于最近前一个交易日的中国债券市场指数。

[5]　当月最后一个双交易日次日是指自然日，可能是当月末非交易日，也可能是次月的交易日或非交易日。

[6]　丹尼斯·罗格、杰克·雷德尔：《养老金计划管理》，中国劳动社会保障出版社2003年版。

数尽管评估的都是单位风险的收益率，但二者对风险的计量不同。夏普指数与特雷诺指数在对基金绩效的排序结论上有可能不一致。特雷诺指数与詹森指数只考虑了绩效的深度，而夏普指数则同时考虑了绩效的深度与广度。詹森指数要求用样本期内所有变量的样本数据进行回归计算。三大经典风险调整绩效评估方法有 CAPM 模型的有效性、SML 误定引致评估误差、基金组合风险并非固定不变、以单一市场组合为基准的评估指标使绩效评估有失偏颇等问题。

（七）企业年金择时能力评估

1. 择时能力评估的必要性

企业年金基金经理的投资能力可以分为券种选择能力（简称选券能力）与市场时机选择能力（简称择时能力）。选券能力指基金经理对单一券种的预测和选择能力。具有选券能力的基金经理能够买入价格低估的股票、基金、债券和其他金融产品，卖出价格高估的持有产品。择时能力，是指企业年金基金投资经理对市场整体走势变化的预测能力。具有择时能力的基金经理能够正确地估计市场的走势，根据市场变化改变权益类、固定收益类、货币类资产的比例，同时改变投资组合的 β 值以应对市场的变化。在牛市时降低现金头寸或提高基金组合的 β 值；在熊市时提高现金头寸或降低基金组合的 β 值。特雷诺指数和詹森指数对基金绩效进行评估存在一个隐含假设，即基金组合的 β 值稳定不变。但实际上市场和投资组合的 β 值是不断变化的，需要投资经理根据市场大势的变化调整现金头寸或改变投资组合的 β 值。在市场大势变化的情况下，采用特雷诺指数和詹森指数往往不能对企业年金基金的投资能力做出正确全面客观的评估。企业年金基金投资管理人的择时能力评估主要有现金比例变化法、成功概率法、二次项法、双贝塔方法等。

2. 现金比例变化法

现金比例法就是评估企业年金基金经理在市场牛市和熊市的不同时期不同市场环境调整货币类资产和固定收益类资产与权益类资产比例的能力。在市场复苏和繁荣期，择时能力表现为企业年金基金的现金和债券比例较小；在市场衰退和萧条期，企业年金基金的现金和债券比例较大。使用现金比例法，假设将债券等同为现金，以债券指数的收益率作为现金收益率，只考虑基金在股票与现金资产之间进行资产的转换。首先确定基金的正常现金比例。正常现金比例可以是基金投资政策规定的比例，也可以是评价期基金现金比例的平均值。

实际现金比例相对于正常现金比例的偏离即可以被看作主动性的择时活动所致，因此用以下公式评估择时活动的"损益"：

择时损益=（股票实际配置比例-正常配置比例）×股票指数收益率+（现金实际配置比例-正常配置比例）×现金收益率

3. 成功概率法

成功概率法是根据企业年金基金经理对市场走势牛市和熊市的预测而正确改变现金比例的百分比来对企业年金基金择时能力进行评估的方法。成功概率法公式如下：

成功概率=P_1+P_2-1

式中，P_1表示基金经理正确地预测到牛市的概率；P_2表示基金经理正确地预测到熊市的概率。

4. 二次项法

二次项法是由特雷诺与梅热（Masuy）于 1966 年提出的，通常又被称为"T-M 模型"。市场牛熊转换，基金及其组合的 β 值不断变化。企业年金基金经理需要在市场上涨时提高其组合的 β 值，在市场下跌时降低其组合的 β 值。对一个成功择时的企业年金基金经理而言，β 值可表示为：

$$\beta_{it}=\beta_i+\gamma_i\ (r_{mt}-r_f)$$

正值的 γ_i 表明，企业年金基金经理能随市场的上涨（下跌）而提升（降低）其组合的系统风险。

将上式代入单因素詹森指数模型，得到一个带有二次项的、将詹森的总体评估分解为选券能力 α 和市场择时能力 γ_i 的模型：

$$r_i-r_f=\alpha+\beta_i\ (r_m-r_f)\ +\gamma_i\ (r_m-r_f)^2+\varepsilon_i$$

原假设是 $\gamma_i=0$。如果 $\gamma_i>0$，表明基金经理具有成功的市场择时能力[1]。

5. 双贝塔方法

亨芮科桑（Henriksson）和莫顿（Merton）于 1981 年提出了另一种相似却更为简单的对选股和择时能力进行估计的方法。他们假设，在具有择时能力的情况下，资产组合的 β 值只取两个值：市场上升时期 β 取较大的值，市场下降时期 β 取较小的值。于是，莫顿和亨芮科桑通过在一般回归方程中加入一个虚拟变量来对择时能力进行估计：

$$r_i-r_f=\alpha+\beta_1\ (r_m-r_f)\ +\beta_2\ (r_m-r_f)\ D+\varepsilon_i$$

---

[1] 杜书明：《基金绩效评估》，中国社会科学出版社 2003 年版。

这里，D 是一个虚拟变量。当 $r_m > r_f$ 时，$D = 1$；当 $r_m < r_f$ 时，$D = 0$。ε_i 是零均值的随机残差。如果 β_2 为正，说明存在市场选择能力。α 用来评估经理的选股表现。这样，基金的 β 值在市场下跌时为 β_1，在市场上扬时为 $\beta_1 + \beta_2$。因此，这种方法被称为"双 β 模型"或"H-M 模型"。

T-M 模型和 H-M 模型关于选股和市场选择的表述很相似，只是对管理组合的 SML 的非线性做了不同的处理①。

(八) 企业年金绩效归因分析

企业年金绩效归因（归属或贡献）分析，是对造成基金收益率与基准组合收益率之间收益差别的原因的分析，即对基金收益来源的分析。企业年金绩效归因分析方法，就是把总的业绩分解为一个个的组成部分，先分成货币类资产、固定收益类资产、权益类资产三大类，进而分别细分为股票、基金、国债、企业债、活期存款、定期存款、协议存款等，甚至细分到单个投资产品，分别计算其收益规模及其对总收益的贡献比例，找出创造收益的原因以考察评估企业年金基金经理的资产选择能力。企业年金基金投资管理主要包括：资产配置、证券选择、行业或部门选择等。企业年金基金投资的绩效来源也主要来自资产配置的绩效贡献、证券选择的绩效贡献、行业或部门选择的贡献。

1. 资产配置选择能力与证券选择能力的评估

资产配置是指基金在不同类别资产上的配置比例。基金在不同资产类别上的实际配置比例对正常比例的偏离，反映了基金经理在资产配置方面所进行的积极选择。不同类别资产实际权重与正常比例之差乘以相应资产类别的市场指数收益率的和，可以作为资产配置选择能力的一个评估指标。

证券选择是指基金对不同可投资品种的选择。基金在不同类别资产上的实际收益率与相应类别资产指数收益率的不同，反映了基金经理在证券选择方面所进行的积极操作的贡献。基金在不同类别资产上的实际收益率与相应类别资产指数收益率的差乘以基金在相应资产的实际权重的和，可以作为证券选择能力的一个评估指标。

假设在一个考察期，基金 p 包括了 N 类资产，基金在第 i 类资产上事先确定的正常的（政策规定的）投资比例为 w_{bi}，而实际的投资比例为 w_{pi}，第 i 类资产所对应的基准指数的收益率为 r_{bi}，基金在该类资产上的实际投资收益率为 r_{pi}。

---

① 杜书明：《基金绩效评估》，中国社会科学出版社 2003 年版。

根据投资组合收益率的计算公式，在考察期内基金 p 的实际收益率可表示为：

$$r_p = \sum_{i=1}^{N} w_{pi} r_{pi}$$

基准组合的收益率可表示为：

$$r_b = \sum_{i=1}^{N} w_{bi} r_{bi}'$$

（$r_p - r_b$）代表了基金收益率与基准的差异收益率。资产配置效果（贡献）可由下式给出：

$$T_p = \sum_{i=1}^{N} (w_{pi} - w_{bi}) r_{bi}$$

当 $T_p>0$，表示基金经理在资产配置上具有良好的选择能力；反之，则说明基金经理在资产配置上不具有良好的选择能力。资产配置实际上反映了基金经理对各个市场走势的预测能力，资产配置能力实际上反映了基金在宏观上的择时能力。

证券选择效果（贡献）可由下式给出：

$$S_p = \sum_{i=1}^{N} (r_{pi} - r_{bi}) w_{pi}$$

同样，$S_p>0$，表示基金经理具有良好的证券选择能力。

不难验证有：

$$r_p - r_b = T_p + S_p \text{[1]}$$

2. 行业或部门选择能力的评估

采用评估基金资产配置能力类似方法，可以对基金在各大类资产内部细类资产的选择能力进行进一步的评估。

假设在一个考察期内，基金 p 在第 j 个行业上的实际投资比例为 w_{pj}，而第 j 个行业在市场指数中的权重为 w_j，第 j 个行业的行业指数在考察期内的收益率为 r_j，那么，行业或部门选择能力则可以用下式加以评估：

$$T = \sum_{j=1}^{n} (w_{pj} - w_j) r_j$$

从基金股票投资收益率中减去股票指数收益率，再减去行业或部门选择贡献，就可以得到基金股票选择的贡献[2]。依此类推可以评估其他类别资产的贡献。

---

[1][2]　中国证券业协会：《证券投资基金》，中国财政经济出版社 2008 年版。

第七章　企业年金基金法规和监管

第一节　企业年金基金监管的理论基础

监管和放松监管是在市场经济发展过程中，政府干预和调控经济、社会发展的一种必然现象，它与经济发展阶段有密切的联系。20世纪30年代的世界性经济大危机，使人们尝到了自由放任经济的苦头，要求政府干预经济的呼声日渐高涨，关于政府监管的公众利益理论也应运而生。在公众利益理论的指导下，政府强化了对经济的管制，其结果是在增强了政府调控能力、摆脱经济危机的同时，又陷入了另一种危机。一些国家出现通货膨胀肆虐、政府预算扩大、财政赤字膨胀、官僚政治盛行等负面结果。因此，到20世纪七八十年代，放松和取消政府监管的呼声高涨，随之而来的就是公共选择理论的诞生。从公众利益理论到公共选择理论的演变，奠定了政府监管的经济理论基础。

公众利益理论源自对"市场失灵"的分析。西方微观经济理论认为，在存在外部性、信息不对称、报酬递增等因素的情况下，市场机制就不再是完全有效的，因而就会发生市场失灵。当市场出现失灵时，就要由政府来对其进行弥补。企业年金计划管理过程中也需要通过政府监管措施来弥补市场失灵的缺陷。在一个缺乏管制的环境中，企业年金基金很可能会被实施计划的雇主用以作为控制雇员的一种手段。如雇主可以通过控制企业年金计划的账户转移权，限制雇员转换工作，从而控制雇员采取"用脚投票"的方式对企业年金计划受托人和管理服务主体施加压力；计划受托人可能会不受限制地使用企业年金基金，而不是努力使企业年金基金资产保值、增值；计划受托人或基金管理人利用对企业年金基金管理信息资源的占有，实施不利于计划参与者和受益人的关联交易或为第三者谋取利益；等等。这些都是由于雇主和计划受托人相对于雇员而言处于垄断地位而产生的一种市场失灵现象，但是，仅仅依靠雇员自身的努力并不足以消除这种由于雇主或计划受托人的垄断地位而产生的市场失灵，政府监管成为必要。

公众利益理论从理论上分析了政府监管的理由，为政府加强监管提供了基本的理论依据。然而该理论却缺乏事实的支持，大量的事实与该理论不相符合。理查德·波斯那指出："经过大约15年的理论和实证研究，经济学家得出的结论是：监管与外部性的存在、自然垄断市场结构不是正相关。"由此可见，公众利益理论是不完善的，至少存在两个方面的缺陷：一是没能解释公众为得到社会福利而产生的监管需求如何转化为政府的行动；二是没有注意到有可能发生"政府失灵"，或非市场的无效率（Nonmarket Inefficiency）。如由于实行严格的投资限额和最低收益原则，导致智利养老基金管理公司投资组合趋同，有资料显示，1998年12家养老基金管理公司的投资组合中，股票所占比例的平均值为14.9%，标准差为1.18%；债券和其他固定收益类证券所占比例的平均值为82.03%，标准差为2.95%。

公共选择理论运用新古典主义经济学的分析方法研究政治问题，在批判公众利益理论的基础上，阐述了政府干预的局限性，对政府干预的范围、过程和结果有了新的认识。公共选择理论认为，在民主政治的公共决策中，决策机制并不能够使得政府通过权力保护绝大部分公众的利益，而只是维护了"中位选民"的利益；政府决策的优劣主要取决于约束决策过程的规则的合理性，规则决定结果。企业年金基金运营是纯粹的经济行为，政府应该以第三者——"裁判员"的身份出现，而将企业年金基金运营的权利交给具有独立性的外部管理服务主体。政府的作用在于制定企业年金相关管理规定，依法实施监管。这将有利于促进企业年金制度实现最优化运行。

第二节　企业年金基金的监管主体和主要内容

一、企业年金基金的监管主体

企业年金的监管主要来自政府监管和非政府监管两方面。其中，政府监管包括立法监管、司法监管和行政监管。非政府监管对于防范企业年金基金运作风险同样具有重要的意义。非政府监管主要是指委托人（企业）、行业协会、会计师事务所和律师事务所以及精算咨询机构等主体的监管。

（一）政府监管

企业年金基金管理链条长、周期长，委托投资设计委托人与受托人的信托关系，受托人与投资管理人的委托关系以及投资管理人与账户管理人及托管人的协作关系，信托的时间周期平均长达 30 年以上，如此复杂的信托委托关系和长时间的周期，很容易产生委托—代理问题。由于企业年金基金运作过程中存在着信息不对称且存在外部性，即企业年金基金受托人、托管人、投资管理人、账户管理人知道的有关企业年金基金的信息比企业年金计划成员多，如果企业年金计划成员要获得相应的信息，需要付出昂贵的费用且具外部性。如果完全由个人去做，整个社会对企业年金基金的监管水平就会很低，也就是说，完全依靠市场行为会导致市场失灵。因此，对企业年金基金进行监管已成为一种"公共商品"，需要政府制定法律、法规规范企业年金基金的投资运作，并建立权威机构对企业年金投资进行检查和监督。按照政府部门的职能，这种监管可以分为立法监管、司法监管和行政监管。

1. 立法监管

比较完善的企业年金法律制度是企业年金基金监管的前提和依据。立法机构应该通过颁布法律，建立适合本国国情的企业年金法律体系，同时制定负责执行该法律的有关机构应当遵守的一般标准及其职责范围。在我国当前情况下，这一任务尤为重要。立法监管的事项一般包括企业年金计划的设立；管理年金基金当事人的资格认定；缴费标准和计发办法；禁止交易行为；信息披露规则；最低资本金要求；税收优惠待遇；等等。

2. 司法监管

司法监管是司法部门（主要是法院）参与企业年金基金监管活动。尽管企业年金基金管理中的大部分纠纷都可以在诉诸法律之前得以解决，但是，司法部门仍然在企业年金基金监管活动中发挥着十分重要的作用。首先，在管理年金基金当事人与计划参与者或受益人之间发生通过其他途径无法解决的分歧时，可以依靠法院判决解决分歧；其次，当有关当事人实施了某种违规行为时，法院通过颁布支持其他监管机构的命令，判定有关当事人的民事或刑事责任，以保证有关法规的贯彻落实；最后，当有关当事人对其他监管机构的有关规章或命令有异议时，可以诉诸法律，要求变更这些规章或法令。

3. 行政监管

由于企业年金基金监管活动的复杂性和针对性，政策制定者通常授权具体的行政机构专门监管企业年金基金的有关活动。尽管这种机构的权力大小在各国之间差异很大，但它们一般都有立法机构授予的比较广泛的行政权、准立法权和准司法权。近年来，人们开始对政府行政部门的监管活动的效率和独立性提出了异议，要求成立特定的非政府机构从事专门监管活动，但由于政府行政机关在整个社会中的独特地位和企业年金基金的社会保障属性，行政机关不可能被排除在企业年金基金监管体系之外，至多是削弱或转移行政机关在企业年金基金监管方面的一些直接权力。

（二）非政府监管

企业年金基金管理涉及面广、环节多、流程复杂、专业化要求较高，因此受托人为了更好地履行其职责，保障企业年金基金财产的安全和有效运作，需要聘请投资顾问公司、信用评估公司、精算咨询公司、律师事务所、会计师事务所等专业机构为企业年金基金管理提供服务。

中介服务机构对企业年金基金的运作管理有两个层面的作用：一是专业服务作用，指的是中介服务机构利用自己的专业知识和经验提供咨询等服务；二是监督作用，指的是中介服务机构对企业年金基金的运作管理进行合法、合规、符合合同的检查，如会计师事务所定期出具的审计报告等。

二、企业年金基金监管的主要内容

企业年金基金监管内容主要包括两方面，一是对责任各方执行法律政策的情况进行监督；二是对基金投资运营行为实施全程监督，尽最大可能规避投资风险，保证基金的安全，进而实现保值增值。

基金监管内容可以分成五个方面：准入机制、风险分散机制、外部监管机制、退出机制和担保责任。

（一）准入机制

一是设立准入标准，对企业年金基金管理机构的选择和资格认定实行准入制度。二是强调内部控制。年金基金投资管理人必须建立相互制衡的、完善的内控机制。

(二) 风险分散机制

大多数国家都对养老基金投资的工具和比例进行限制，这种限制是从立法的高度进行的，并在具体运营过程中采取严格的监管措施。但是，随着公众对新养老金制度认可程度的提高，资本市场在深度和广度的发展，投保人在金融市场方面的经验越来越丰富等，大多数国家都逐渐放宽了严格限制的规则。

(三) 外部监管机制

一是独立托管人。由于保管人的主要职责是保管基金资产，按国际惯例，都是由具有一定实力的商业银行来担任。同时，要求年金基金保管人适应年金基金保管的要求，建立、健全相关内部管理制度和风险管理制度。二是外部审计或会计等。通常情况下，年金基金的受托人、投资管理人、托管人的财务报表和基金财务报表必须接受独立审计机构的审计；受托人必须聘请外部精算师对其偿债能力进行评估；受托人、投资管理人、托管人的资信等级必须经信用评级机构的评定。

(四) 退出机制

为防止因受托人、投资管理人、托管人的管理不善或违规行为而使企业年金基金受益人承担超过正常水平的投资风险，确保基金投资收益能够为受益人退休后的生活提供充足保障，许多国家都在对基金投资的各个环节采取相应风险控制措施的基础上，建立了相应的风险补偿机制，作为保障基金积累水平、保护基金受益人利益的最后一道防线。

(五) 担保责任

如果雇主发起者宣布破产，或基金无力履行其义务，则直接威胁到雇员的养老金。为此，很多国家政府规定要成立补充养老金的担保机构，但这些担保机构多是担保公司，由企业或雇员缴纳保险费。很多欧盟国家建立了补充养老保险担保体系；美国1974年通过的《雇员退休收入保障法》规定：退休后的给付要有保障。根据该立法，美国成立了养老保险给付担保公司，并向参与养老保险方案的人收取人头税作为保险费。

第三节 企业年金基金监管模式的国际比较

一、企业年金基金监管模式

企业年金市场是一个多行业提供服务的市场，牵涉财政、税务、社会保障以及专业监管部门等多个监管主体。各国普遍建立了企业年金协同监管的机制，不同监管部门责任明晰，分工合理，协同监管。如在澳大利亚，企业年金监管机构主要有四个，其中，审慎监管局（APRA）负责审慎监管，证券与投资委员会（ASIC）负责信息披露和消费者保护方面的监管，税收局（ATO）负责监管税收政策和小型基金，竞争与消费者委员会（ACCC）负责监管市场公平竞争。在美国，《雇员退休收入保障法》（ERISA）对不同机构的监管责任进行了划分，劳工部（DOL）负责监管企业年金计划的报告、披露和信托关系，财政部负责监管企业年金计划的参加人数、给付权利的设定和投资等，专业监管机构负责监管各金融机构的市场行为与偿付能力，税务局（IRS）主要负责对合格养老金计划税收的审定①。

根据监管部门间的职责分工，OECD 国家的企业年金监管可划分为三种制度模式：

第一种是一体化监管模式：即由一个机构负责监管整个金融部门（包括银行、证券公司、保险公司和养老基金）的监管。

第二种是部分一体化监管模式：即由一个机构同时负责保险资金和养老基金的监管。

第三种是专业化监管模式：即一个或多个监管机构同时存在，专门从事养老基金监管。

从表7-1可以看出，采用专业化模式的国家以盎格鲁—撒克逊式的英美国家为代表，采用一体化模式的国家从数量上看占多数，采用部分一体化模式的国家以欧洲大陆国家为主。近年来的一个趋势是采用部分一体化模式的国家

---

① 杨帆、郑秉文、杨老金：《中国企业年金发展报告》，中国劳动社会保障出版社2008年版。

向着一体化模式转变，包括荷兰、波兰、捷克共和国、斯洛伐克等。

表 7-1　OECD 各国私人养老基金的监管架构

一体化监管模式	部分一体化监管模式	专业化监管模式
澳大利亚	芬兰	爱尔兰
奥地利	卢森堡	意大利
加拿大	新西兰	日本
丹麦	葡萄牙	墨西哥
德国	西班牙	瑞典
匈牙利	土耳其	瑞士
冰岛		英国
韩国		美国
挪威		
比利时		
斯洛伐克		
波兰		
荷兰		
捷克共和国		

资料来源：OECD, European Central Bank：Recent Developments in Supervisory Structure in EU and Acceding Countries, October 2006.

二、企业年金投资监管：数量监管与审慎人制

企业年金投资监管主要有两种模式：定量限制模式和审慎人模式。两种监管模式的不同特点主要体现在监管理念和侧重点不同、实践中的适应性和灵活性不同及其赖以生存的制度环境不同等方面。

（一）定量限制模式

定量限制模式（Quantitative Portfolio Regulation），就是监管部门对企业年金投资资产进行数量限制，对投资于高风险资产和低流动性资产进行禁止性规定或比率限制。定量限制模式主要是大陆法系国家和发展中国家，如法国、德国、日本、智利、菲律宾、马来西亚等国。定量限制模式的主要特点是：

（1）监管机构独立性强，一般都是成立专门机构进行监管，监管机构权力较大；要求投资管理人达到最低的审慎性监管要求外，还对基金的结构、运作和绩效等具体方面进行严格的限量监管：对养老金管理机构实行严格的特许经营权管理制度，严格控制基金管理公司的数量和质量；不允许没有取得资格许可的金融机构参与企业年金和其他养老金的投资经营；要求养老基金包括企业年金基金管理机构或部门只能从事与养老基金包括企业年金基金有关的投资经营和服务业务。

（2）对养老基金包括企业年金基金投资比例有严格的限制性的规定。

（3）有严格的信息披露制度，要求养老基金管理机构向监管部门、委托人和受益人提供定期的信息披露报告。

（4）限制企业年金的投资组合，规定企业年金基金的投资方向，限制企业年金的自我投资，即对企业年金投资于发起人的股票或债券进行限制，以防范发起人的破产风险或利益冲突、利益关联现象；限定各种投资工具在投资组合总额中所占的最高比例或最低持有额（主要是政府债券），有些国家还对最低收益率做出了规定。

（二）审慎人模式

审慎人模式（Prudent Person Rule），即根据审慎性原则对企业年金基金进行监管。审慎性原则是指企业年金基金的投资管理人有义务像对待自己的资产一样，审慎地为企业年金基金选择一个最能分散风险、保证收益的资产组合。在这种监管模式下，监管机构放松对有关合同条款、市场准入条件、投资组合等约束。审慎人规则监管具有相当大程度的灵活性，衡量的是投资决策过程而非结果，是一种资本市场和金融理论发展的动态型自我监管，但同时对投资管理人的内部控制和治理结构、监管当局的监管能力和司法体系都有较高的要求，其核心在企业年金的内部治理上，而监管当局也对年金投资的内控方面有更为严格的信息披露要求。监管机构和基金理事会（或董事会）较少干预基金的日常运作，只是在有关当事人提出要求或基金出现问题时才介入，基金的监管很大程度上依赖于独立受托人，如基金托管人、外部审计师、精算师、法律顾问以及资产评估机构和新闻媒体等中介组织。审慎人模式是行为导向的监管，体现"效率监管"理念，及对受托人行为的规范。审慎人规则植根于盎格鲁—撒克逊国家的信托法之中，是在以判例为基础的普通法中发展起来的。1830年的哈维德诉亚莫瑞判例开启了审慎人规则的先河，判决书中定义：受托人要以委托人利益为取向，诚实和细心、审慎和有所谋略地履行自己的职责，关注委托人的基金的长期头寸以及投资资本的收益和安全性，而不是考虑如何投机。该判例目前通常称为"审慎投资者法"。随着现代资产组合理论的发展，审慎行为的含义有了一定的改变和丰富。"审慎的定义与金融理论和资本市场的发展变化密切相关。[1]"如美国1974年的《雇员退休收入保障法》中就特别明确养老金经理在投资决策时必须满足的审慎投资标准是计划的投资资产分散化。并且美国司法部在制定新的审慎投资人法律标准时也采取了弹性的标准：应将所有投资视为投资组合的一部分，而不能在单个资产的基础上作判断。美国401（K）计划主要受到劳工部（DOL）和国内税务局（IRS）的监管，监管的主要法规是 ERISA 法案和 IRC 法案。ERISA 法案是为了保护私营退休金计划参与成员利益的目的而设计的。ERISA 法案规定了计划参与资格、权益归属、基金管理、报告制度和信息披露规则，并且要求成立了年金保证公司（Pension Benefit Guaranty Corporation，PBGC）。根据 ERISA 法案的规定，合格年金计划必须通过年金合同或者信托方式来实现。企业可设立企业退休金管理理事会或选择专业金融机构作为受托人（Fiduciary，是指一个人或者组织被授权管理退休金计划或者退休金的资产）来管理退休金计划。ERISA 法案规定，受托人必须按照"谨慎人"和"忠诚"原则来管理退休金计划。审慎人规则监管的主要特点包括：①突出基金管理者对基金持有人的诚信义务和基金管理的透明度；要求投资管理人向委托人、受益人定期披露投资信息。②强调资产多样化，采取分散投资分散风险，避免投资过度集中。③防止利益冲突，限制企业年金基金向投资管理人发行的证券进行投资。④对资产类别有较少的限定，有些国家甚至没有这项要求。⑤有严格的法律约束。审慎人模式不等于没有法律规范，采用审慎人模式的国家主要是盎格鲁—撒克逊国家，如美国、英国、加拿大、澳大利亚、荷兰等国。美国的《雇员退休收入保障法》，英国的《信托法》、《社会保障法》和《养老金计划规则》等，都在审慎人制度下对企业年金基金的审慎投资进行了严格的规范（见表7-2）。

---

[1] 丹尼斯·罗格、杰克·雷德尔：《养老金计划管理》，中国劳动社会保障出版社2003年版。

表 7-2　OECD 国家企业年金的投资限制

国家	谨慎投资原则/分散化投资原则	本国资产的量化限制	对投资本公司股票的限制	外国资产投资限制
美国	谨慎投资原则并要求分散化投资	无	DB 计划自投资比例小于10%	无
英国	谨慎投资原则，DC 计划有持有集中度限制	单个共同基金投资比例小于10%；单个投资管理人投资基金比例小于25%	自投资比例小于10%	无
德国	没有谨慎投资原则，在单个信贷机构的储蓄小于基金资产的2%	股票投资比例为20%～25%；房地产投资比例为15%～25%	自投资比例小于10%	80%货币匹配限制；20%其他投资资产限制；6%非欧盟投资比例限制
日本	谨慎投资原则	无	允许自投资	无
加拿大	谨慎投资原则，投资于单个公司的债权不超过10%	房地产投资不超过5%	自投资比例小于10%；单个公司股票投资比例小于30%	外国资产比例小于20%
意大利	没有谨慎投资原则，单个发行人的债权或股权投资比例小于15%	流动性资产投资比例最高为20%；封闭式基金投资比例最高为20%	单个公司不超过20%，或对多个计划发起人而言不超过30%	不超过33% 匹配要求；OECD 国家未上市股票比例小于50%；非 OECD 国家上市股票比例小于5%
荷兰	谨慎投资原则，要求有合理、一致、透明的投资政策，需要在部门、国家和货币等层次上进行分散化投资	无	自投资比例小于5%	无
瑞典	没有谨慎投资原则，单个公司投资限制为10%	股票投资限制为60%	自投资比例小于10%	要求货币匹配；外国资产比例为5%～10%
芬兰	谨慎投资原则并要求分散化投资和非集中投资	股票投资限制为30%，非上市部分限制为5%，抵押贷款限制为50%，房地产限制为40%	自投资比例小于30%	80%货币匹配限制，外汇投资比例限制为5%，其他欧盟国家投资比例限制为20%

资料来源：孙建勇：《企业年金管理指引》，中国财政经济出版社 2004 年版。

三、中国企业年金基金监管模式的发展方向

中国企业年金基金投资监管模式，目前选择的是定量限制的模式。企业年金基金财产的投资，对货币类资产、固定收益类资产、权益类资产的投资比例都有严格的限制。

从各国选择企业年金基金投资监管模式的情况来看，监管模式的选择反映了所在国金融市场的发育程度等因素。发达国家金融市场完善、监管体系健全、市场自律程度高、投资管理机构治理结构完善、信息披露制度严格、信托文化成熟，这些为选择审慎人的监管模式提供了良好的外部环境。

大陆法系国家信托文化发育成熟程度比不上盎格鲁—撒克逊国家。而发展中国家处于企业年金制度发展的初级阶段，经验缺乏、治理结构不完善、资本市场不成熟且风险大、法律体系不完善，导致这些国家制定严格的数量限制型的企业年金投资监管法规。我国目前选择定量限制监管模式，与我国的金融市场环境、监管能力、微观治理水平、企业年金行业发展的成熟度相吻合。

审慎人规则是行为导向的监管，体现"效率监管"理念，及对受托人行为的规范。无论从监管实效、投资收益还是从企业年金投资监管制度变迁来看，审慎人监管模式都是较为完善的企业年金监管模式，是企业年金投资监管模式的未来发展方向。我国对于企业年金监管的限制应根据年金的规模、年金法律体系的健全、金融市场的发展、资本市场的完善等内外因素的变化，在定量限制监管的基础上逐步融入"审慎人"规则的理念，向审慎人监管模式逐步过渡。①企业年金立法以委托人和受益人的权益为取向，企业年金立法应该超越于企业年金投资管理人等企业年金基金管理机构本身的利益。②强化企业年金基金受托人的投资管理权利，明确并保证受托人战略资产配置的决策权。受托人利益与企业年金基金利益发生矛盾时，受托人的行为和决策必须无损于委托人的权益。③应通过信息披露推动投资管理人内控制度和治理结构的完善，使其成为真正"诚实、勤勉"的审慎投资人；打击欺诈行为，保护持有人利益。④根据中国金融市场尤其是资本市场的发展以及企业年金行业本身的发展，逐步放宽对投资类别和投资工具的投资限制，扩大企业年金的投资渠道，提高企业年金投资权益类资产的选择权。⑤根据金融资本市场的发展和委托人及受益人的投资能力的发展，逐步赋予企业年金计划参与人的投资选择权。

第四节 我国企业年金基金监管的现状与对策

一、我国企业年金资金监管的现状

受托人、账户管理人、托管人和投资管理人应当按照规定报告企业年金基金管理情况，并对所报告内容的真实性、完整性负责。

（一）企业年金投资的监管主体

对企业年金监管的政府主体主要包括：中国劳动和社会保障部；中国保险监督管理委员会；中国银行业监督管理委员会；中国证券监督管理委员会；国家国有资产监督管理委员会；国家财政部；国家税务总局；省市人民政府。

法人受托机构、中央企业集团公司成立的企业年金理事会、账户管理人、托管人、投资管理人违反企业年金法规规定或者企业年金基金管理费、信息披露相关规定的，由人力资源社会保障部责令改正。其他企业（包括中央企业子公司）成立的企业年金理事会，违反企业年金基金法规规定或者企业年金基金管理费、信息披露相关规定的，由管理合同备案所在地的省、自治区、直辖市或者计划单列市人力资源社会保障行政部门责令改正。

（二）企业年金基金管理机构监管

1. 市场准入

法人受托机构、账户管理人、托管人、投资管理人开展企业年金基金管理相关业务，应当向人力资源社会保障部提出申请。法人受托机构、账户管理人、投资管理人向人力资源社会保障部提出申请前应当先经其业务监管部门同意，托管人向人力资源社会保障部提出申请前应当先向其业务监管部门备案。

人力资源社会保障部收到法人受托机构、账户管理人、托管人、投资管理人的申请后，应当组织专家评审委员会，按照规定进行审慎评审。经评审符合条件的，由人力资源社会保障部会同有关部门确认公告；经评审不符合条件的，应当书面通知申请人。

专家评审委员会由有关部门代表和社会专业人士组成。每次参加评审的专家应当从专家评审委员会中随机抽取产生。

2. 过程监管

受托人、账户管理人、托管人、投资管理人发生违法违规行为可能影响企业年金基金财产安全的，或者经责令改正而不改正的，由人力资源社会保障部暂停其接受新的企业年金基金管理业务。给企业年金基金财产或者受益人利益造成损害的，依法承担赔偿责任；构成犯罪的，依法追究刑事责任。

人力资源社会保障部将法人受托机构、账户管理人、托管人、投资管理人违法行为、处理结果以及改正情况予以记录，同时抄送业务监管部门。在企业年金基金管理资格有效期内，有三次以上违法记录或者一次以上经责令改正而不改正的，在其资格到期之后 5 年内，不再受理其开展企业年金基金管理业务的申请。

会计师事务所和律师事务所提供企业年金中介服务应当严格遵守相关职业准则和行业规范。

(三) 企业年金基金信息披露

1. 受托人的信息披露

受托人应当在每季度结束后 30 日内向委托人提交企业年金基金管理季度报告；并应当在年度结束后 60 日内向委托人提交企业年金基金管理和财务会计年度报告。

2. 账户管理人的信息披露

账户管理人应当在每季度结束后 15 日内向受托人提交企业年金基金账户管理季度报告；并应当在年度结束后 45 日内向受托人提交企业年金基金账户管理年度报告。

3. 托管人的信息披露

托管人应当在每季度结束后 15 日内向受托人提交企业年金基金托管和财务会计季度报告；并应当在年度结束后 45 日内向受托人提交企业年金基金托管和财务会计年度报告。

4. 投资管理人的信息披露

投资管理人应当在每季度结束后 15 日内向受托人提交经托管人确认财务管理数据的企业年金基金投资组合季度报告；并应当在年度结束后 45 日内向受托人提交经托管人确认财务管理数据的企业年金基金投资管理年度报告。

5. 特殊情况的信息披露

法人受托机构、账户管理人、托管人和投资管理人发生下列情形之一的，应当及时向人力资源社会保障部报告；账户管理人、托管人和投资管理人应当同时抄报受托人。

（1）减资、合并、分立、依法解散、被依法撤销、决定申请破产或者被申请破产的。

（2）涉及重大诉讼或者仲裁的。

（3）董事长、总经理、直接负责企业年金业务的高级管理人员发生变动的。

（4）国家规定的其他情形。

（四）企业年金基金监督检查

1. 监管分工

受托人、账户管理人、托管人、投资管理人开展企业年金基金管理相关业务，应当接受人力资源社会保障行政部门的监管。

法人受托机构、账户管理人、托管人和投资管理人的业务监管部门按照各自职责对其经营活动进行监督。

2. 人力资源社会保障部对企业年金基金的监督管理办法

人力资源社会保障部依法履行监督管理职责，可以采取以下措施：

（1）查询、记录、复制与被调查事项有关的企业年金基金管理合同、财务会计报告等资料。

（2）询问与调查事项有关的单位和个人，要求其对有关问题做出说明、提供有关证明材料。

（3）国家规定的其他措施。

委托人、受托人、账户管理人、托管人、投资管理人和其他为企业年金基金管理提供服务的自然人、法人或者其他组织，应当积极配合检查，如实提供有关资料，不得拒绝、阻挠或者逃避检查，不得谎报、隐匿或者销毁相关证据材料。

3. 人力资源社会保障部企业年金基金监督管理义务

人力资源社会保障部依法进行调查或者检查时，应当至少由两人共同进行，并出示证件，承担下列义务：

（1）依法履行职责，秉公执法，不得利用职务之便谋取私利。

（2）保守在调查或者检查时知悉的商业秘密。

（3）为举报人员保密。

二、我国企业年金基金发展的主要问题与对策

（一）完善企业年金税收优惠政策，促进企业年金资金积累

税收优惠是企业年金发展的引擎，通过税收优惠促进企业年金发展也是国际惯例。从 2004 年中国企业年金制度框架确立之后，企业年金税优问题提到了日益迫切的议事日程，成为制约中国企业年金发展的瓶颈之一。中国企业年金税优政策还存在如下问题：第一，企业年金税收优惠幅度太小，目前规定企业按照工资总额的 5% 的缴费可以进入企业成本税前列支，远远不能够调动企业和职工的缴费积极性。第二，税收优惠政策只针对缴费环节，对投资收益是否征税尚不明确，而投资收益的税收优惠对年金资产净值增长率有很大影响。第三，企业年金个人缴费的税收优惠问题不明确，个人缴费的积极性受到限制。

企业年金的税收优惠，是国家促进企业年金行业发展和资金积累的主要经济手段。大多数发达国家的企业年金采取 TEE 的模式。通过缴费环节的税收优惠，刺激企业建立企业年金计划的积极性。在投资运营环节实行免税可以促进资本市场和国民经济的发展。国家对个人参加企业年金计划的缴费在一定限额内给予免税，受益人享受企业年金权益时才征税。

美国 401（K）计划就是典型的 EET 计划。401（K）计划源于美国 1978 年修订的《国内税收法》第 401（K）条款，1981 年 11 月 10 日美国标志性的 401（K）计划诞生[1]。401（K）计划虽然只有 20 多年的历史，但它已迅速成为最重要的企业雇员退休计划之一。到 2001 年 11 月其资产规模已达 18000 亿美元，参与人数超过 4200 万[2]。401（K）计划的一个主要特点是它允许职工将一部分税前工资存入一个养老储蓄计划，积累至退休领取养老金时再缴税。由于是税前缴费，而且政府不对该账户赚取的红利、利息、资本所得征税，只是退休后取出资金时才征税（退休后所处的征税等级往往较低），延迟纳税带

---

① 杨帆、郑秉文、杨老金：《中国企业年金发展报告》，中国劳动社会保障出版社 2008 年版。

② 刘云龙、傅安平：《企业年金——模式探索与国际比较》，中国金融出版社 2004 年版。

来的税收优惠大大刺激了 401（K）计划的发展。经过 25 年的发展，401（K）计划在美国私人养老体系中处于鳌头地位。从计划参与者的规模看，401（K）计划为 4700 万人，而其他 DC 型计划为 800 万人，所有 DB 型计划为 2100 万人；从计划数量看，401（K）计划为 41.7 万个，而其他 DC 型计划为 29.4 万个，所有 DB 型计划仅为 4.1 万个；从计划资产规模看，401（K）计划为 24430 亿元，其他 DC 型计划为 4680 亿元，所有 DB 型计划为 19500 亿元。401（K）计划占据了私人养老金总规模的一半以上，已成为美国最流行的企业年金形式 ①。

随着人口老龄化速度的加快，我国面临着巨大的养老金缺口压力，由国家、企业和个人共同承担未来的养老压力是必然选择，而发展壮大企业年金规模有利于减轻政府的养老负担。从这个角度讲，我国应该采取税收优惠政策大力发展企业年金。借鉴西方发达国家对企业年金计划的税收模式，根据税收一致性、公平性和与政府财政承受能力相匹配的原则及各种征税模式对企业年金涉及主体的客观影响，可考虑对我国企业年金实施 EET 模式：允许企业雇主与员工从他们的税前收入中扣除一定比例的年金缴费额，并减免养老金投资收益所得税，在领取养老金时则征收个人所得税。劳动和社会保障部社会保险研究所所长何平曾指出，国家每减少 1 元税收，可使企业年金增加 5 元积累，减少国家基本养老金的公共财政支出。

完善企业年金税收优惠政策，加大企业年金税收优惠力度，既可以减轻未来政府的养老金社会负担，更是调动企业和职工参与企业年金的重要手段，是扩大企业年金基金的来源和积累的主要公共政策手段。

（二）遵循信托法则，委托人和受益人权益至上

企业年金涉及的监管主体和运营主体很多，企业年金运营的链条很长。企业年金监管当中很容易出现监管竞争和监管套利，监管部门以维护本部门利益的名义出台对企业年金行业发展不利的政策，制约企业年金行业的发展。而企业年金投资机构，都是商业金融机构，逐利是商业金融机构的本质追求，企业年金投资机构很容易出现为了维护自身利益而损害企业年金委托人利益的倾向。

企业年金的上位法是信托法。企业年金是按信托原理建立的企业职工补充

---

① 付强：《美国 401（K）计划 25 年繁荣启示录》，《证券时报》2007 年 3 月 5 日。

养老基金制度。信托制度下，委托人和受益人的权益至上。在企业年金制度当中，企业和职工的企业年金权益是所有企业年金监管部门和基金管理机构服务的目标。

与其他机构投资者为自身权益而进行投资的目标不同，企业年金基金投资管理的目标是委托人和受益人的权益。企业年金的委托人和受益人是企业及其职工，发起人企业雇主的资产与受益人职工雇员的企业年金权益相分离。保护委托人和受益人利益，以法律的名义固定下来，委托人和受益人的目标至高无上。强化企业年金基金的资产独立性，充分保护受益人的利益。

"信托"从法律上要求企业年金计划资产与受托机构自有资产和其他受托资产相分离，企业和职工的企业年金权益不受受托机构企业经营状况的影响，充分地保障企业年金计划委托人和受益人的企业年金权益。在信托型企业年金制度中，企业年金基金的受托人是整个企业年金基金管理运营的中心，企业年金基金委托人和受托人之间是信托关系，受托机构必须遵循委托人意志行事，以委托人和受益人的权益为目标。企业年金基金的账户管理、托管管理、投资管理采取外包式管理。受托人根据委托人的意志选择企业年金基金的账户管理人、托管人、投资管理人和其他中介机构，他们之间的关系是委托关系。不同企业年金基金管理机构之间形成相互约制、相互监督力量。管理企业年金基金的几个不同角色之间形成一个制衡的协议关系，企业年金基金资产与企业年金基金管理机构资产的所有权、管理权、经营权、监管权、受益权等都是相对分开和独立的，从而维护委托人和受益人的权益。投资管理人在为企业提供服务的过程中，必须坚持企业年金委托人和受益人利益最大化的原则，不能与本机构利益混同，不能私自挪用企业年金资产为自己或任何第三方谋取利益，不能利用职责或使用企业年金资产达到为自己或为任何第三方谋求利益的目的。投资管理人也不能以其他任何第三方的利益为出发点，在出现投资管理人与受益人利益相冲突时，投资管理人必须以企业年金基金委托人和受益人的利益最大化原则行事，而不是自身或其他基金管理机构的利益最大化。

（三）明确企业年金投资目标，平衡投资收益性和安全性

一般投资都有安全性、收益性、流动性的原则要求，有的机构投资的目标是安全至上，有的机构投资的目标是收益至上。企业年金基金投资的特点在于安全至上、在安全的基础上追求适当的收益率。这是企业年金的功能性质决定的。

企业年金是企业职工的"养命钱"，安全至上是企业年金基金投资的基本原则。但是，企业年金基金是一种长期性的资金，匹配长期性的投资市场，是可以取得合理的适当的投资收益率的，而且企业和职工在养老保障不充分的前提下建立企业年金基金，其制度目标是通过企业年金缴费和投资收益，来弥补企业职工养老金的不足，企业年金制度目标和制度功能都需要企业年金基金投资实现合理的适当的投资收益率。由于建立年金制度的最终目的是通过延迟税收和投资收益来提高退休收入而非单纯的储蓄行为，所以在强调基金资产安全性的同时，不能够只看重安全性，注重短期的"保本"，忽视投资的收益性，而应该从资产的长期保值增值出发。企业年金基金投资管理的第一目标是安全，在安全性与收益性相冲突的时候，优先安全性。企业年金对投资的安全性要求高，政府监管部门一般对企业年金的投资运营制定有相应的监管措施，如对投资管理人的选择、对投资工具的选择和投资比例的限制等。在企业年金基金投资安全有保障的前提下，企业年金基金投资管理才追求投资收益的目标。收益和风险总是相伴相生，企业年金基金投资管理即使追求投资收益率，也只能是合理的适当的收益率。收益越大，风险也越大。如果投资收益目标带来对投资风险目标的冲突，企业年金基金投资不能承受过大的投资风险而只能放弃高风险下的高收益。对于企业年金基金投资收益目标来说，并非投资收益率越高越好。

（四）厘清企业年金特点，实行长期投资

企业年金的一大特点是长期性，企业年金投资的一大原则是长期投资。企业建立企业年金制度，企业和职工加入企业年金计划就开始缴费，但只有职工到退休才能支取企业年金。长期来说，一般单个企业年金基金投资的周期长达30年左右。企业年金计划从缴费到支取的数十年的间隔时间，所积累的基金大部分适合于长期投资。在企业年金建立初期和运行的很长一段时间，退休职工数量有限，企业年金的支付需求即企业年金基金的流动性需求非常有限。

在实际的企业年金投资当中，也存在企业年金投资短期化的倾向。目前大量的企业年金投资管理合同短期化，一般的企业年金投资管理合同都不超过三年的合同期限，甚至很多企业年金投资管理合同期限短到只有一年。合同的短期化，既不符合企业年金基金长期性的特点，也刚性地促使企业年金投资管理人的行为短期化。

在委托人投资理念、国家政策、企业年金投资合同的限制和推动下，企业

年金投资管理人的行为出现明显的短期化倾向：资产配置大比例地选择储蓄存款、债券等短期性产品，投资策略变化频繁，短线操作、追涨杀跌、羊群效应，投资收益大幅波动。短期化的投资管理行为，必然给企业年金防范投资风险、提高收益率带来严重的制约。

由于企业年金基金是长期资金，基金规模有很强的稳定性。投资周期长的特点决定了企业年金基金投资管理的目标、行为、投资策略、投资工具的选择都应以长期性为原则。长期投资，既是企业年金基金投资的特点，也是企业年金基金投资的优势。企业年金的缴费率并不高，上限只有职工工资总额的1/6。企业年金基金投资收益率目标也并不高，企业年金只能追求安全基础上适当的收益率。只有通过较长时期缴费和投资的积累，企业年金基金制度才能体现其制度的优势。也正因为企业年金基金投资长期性的特点，企业年金基金更加能够实行长期投资、价值投资。

长期的资金，必然需要长期性的投资工具与之匹配。货币市场是指短期存款类产品和短期债券类产品，投资周期上与长期性的企业年金的投资需求不相匹配。相反，资本市场是指长期的信贷市场和证券市场，资本市场投资工具才与企业年金的长期投资需求匹配。较长的时间周期里，投资资产最容易遭受通货膨胀的威胁，企业年金基金投资因其长期投资的特征，防范通货膨胀风险是其投资的一个重要原则。

"股权溢价之谜"理论发现，在长达几十年甚至上百年的时间周期里，短期性的货币市场和固定收益市场的投资工具的长期收益率远远低于股票等长期性工具的投资收益率。只有长期性的股票和其他权益类投资工具，在长期才有战胜通货膨胀、取得长期较高投资收益的可能。与此相反，看似安全的货币类和债券类资产的投资，受通货膨胀等因素的影响，在长期不但不能战胜通货膨胀、保证企业年金投资的保值增值，反而有可能使企业年金面临贬值的风险。

理论和实践证明，匹配企业年金长期性的特征，企业年金需要而且可以在控制投资风险的前提下，适当提高对长期性的权益类资产的投资比例，实行长期投资，矫正企业年金投资管理合同短期化和企业年金投资管理人投资行为短期化的倾向。

（五）优化制度内外环境，提高企业年金投资收益

企业年金的投资收益是企业和职工的企业年金权益的最终体现，是企业年金管理人尤其是受托人、投资管理人投资管理能力和绩效的直接表现。宏观的

经济环境、金融证券市场运行的态势是决定企业年金投资收益的外部因素。企业年金的治理结构、投资限制、管理人的能力，是制约企业年金投资收益的内部因素。

1. 市场环境

市场环境无疑是决定企业年金投资收益的根本因素。经济周期、宏观经济政策、制度限制、金融市场整体走势和结构变化，对企业年金投资收益起决定性的作用。当经济低迷、金融证券市场长期处于调整状态，委托人、受托人、投资管理人都不可能在这样的背景下取得可观的投资收益率。

但是，外部因素导致的企业年金投资收益的起落，并不能体现投资管理的专业能力和绩效。投资的绩效归因，只能是剔除外部因素之后，观察投资组合与行业平均的投资收益率、市场平均的投资收益率进行比较。

2. 投资比例限制

全球在投资管理行业基本形成了数量限制和审慎人制度两种模式。数量限制模式下，有关投资有明确的严格数量比例限制，对投资收益形成刚性制约。在审慎人制度下，投资管理人可以根据市场变化，在维护委托人利益的前提下，灵活调整资产配置的比例，进而控制风险提高投资收益。

我国的企业年金制度实行的是数量限制模式，对企业年金投资收益目标形成了刚性的制度制约。从长期来看，权益类资产的投资收益率是最高的。而货币类资产和固定收益类资产的投资收益率都非常有限，而且还面临通货膨胀的风险。

在欧美国家，其养老基金的资产配置，50%左右的资产投向了权益类资产。我国的企业年金制度限定权益类投资比例不超过30%，高达70%的投资限定在货币类资产和固定收益类资产，从制度上刚性地决定了企业年金的制度目标并不是追求过高的投资收益率。

3. 受托人战略资产配置能力

企业年金是一种信托型的资产管理工具，其投资收益的决定因素并不单纯是投资管理人的管理能力。决定企业年金的投资收益的主要管理机构包括委托人、受托人、投资管理人，其中尤其是受托人对企业年金的投资收益起着关键的作用。

根据企业年金的治理结构和法规规定，企业年金受托人选择、监督、更换投资管理人；制定企业年金基金战略资产配置策略；根据合同对企业年金基金管理进行监督。

从国际经验来看，企业年金基金投资的业绩来源结构为投资政策（包含战略资产配置）提出投资计划操作的参数，针对资产类别和投资管理人确定配置目标，其业绩贡献在全部业绩中所占的比例达 80%，投资政策管理（战略资产配置调整）即执行投资政策，按照投资政策指引配置资产，必要时定期进行再平衡，其业绩贡献在全部业绩中所占的比例仅为 15%。

4. 投资管理人的投资管理能力

投资管理人，是指接受受托人委托投资管理企业年金基金财产的专业机构。投资管理人是决定企业年金投资收益的一个重要因素，但其投资政策决定权在于受托人，同时还得委托人即企业和职工的指令决定。而且，投资管理人的投资管理，必须严格遵循企业年金法规规定的投资比例限制。这些因素，严格制约了投资管理人投资管理能力的发挥。在这些因素制约下，甚至在大市向好的情况下，企业年金投资管理人管理的投资业绩，都有可能难以实现市场平均的业绩。

当然，投资管理人的资产配置能力、市场判断能力、择时能力和证券选择能力，直接影响企业年金投资业绩的实现。

5. 委托人对投资管理的制约

建立企业年金计划的企业及其职工是委托人，虽然委托人把投资决策的权能让渡给了受托人，但在现实中，委托人企业对企业年金的投资政策、机构选择起着重要的制约作用。委托人可以对受托人、投资管理人制定科学的激励约束机制，如管理费率采取根据是否达到预期的业绩基准而上下浮动、对投资管理进行专业的绩效评估等。但如果委托人企业越权制定企业年金投资政策、过度干预企业年金投资操作、因为非专业和非经济因素而选择监督受托机构和投资管理机构，则可能对投资管理业绩带来负面影响。

（六）优化企业年金基金监管环境，实行企业年金基金协调监管

企业年金在制度设计上是一个庞大的系统工程，其运行监管涉及劳动保障、财政税收、银行、证券、基金、保险、信托等诸多部门，部门之间的协调机制和效率，直接影响企业年金投资的效率和成本，乃至影响整个企业年金市场的发展。

综观世界各国养老金市场包括企业年金的监管实践经验，无一例外地体现出协调监管的特点和趋势。

在发达国家，养老金包括企业年金的协调监管机制非常成熟。美国的养老金监管涉及劳动保障、财政、税务、信托基金管理委员会和其他金融监管部

门。各个部门在整个运转体系中分工协作，各司其职而又密切协作。转型国家也大都实行协调监管的机制，如匈牙利，无论是对于强制性的基本养老保险，还是对于自愿性的私人养老保险（类似中国的企业年金），都实行财政部和金融监督局（HFSA）协调监管的模式。我国香港地区对于强积金管理，强制性公积金监管局负责审批 MPF 委托人和投资基金，在 MPF 中介机构中起到主要的管理者的作用。证券和期货管理委员会（SFC）负责对获得的公积金和相关投资基金（包括强制性公积金和职业退休方案）进行审批，对单位信托和共同基金进行审批，对投资咨询员和代理所在的中介机构进行监督。保险管理委员会办公室（OCI）负责颁发执照给保险商（也包括 MPF 方案的出资人及其行政管理人员）并制定管理规定，对保险公司负责的退休金进行管理，对保险代理人或经纪人所在的中介机构进行监督。香港货币管理当局，则对金融机构，包括 MPF 方案的主办人和托管人进行监督①。

企业年金是介于社会保险和商业保险之间的补充养老保险制度，企业年金的这种性质决定了其监管需要劳动和社会保障部门、金融监管部门共同参与、协调配合。企业年金方案及其基金运作，涉及社保监管制度和金融监管制度，在两方面都需要必要的监管。两方面的监管是交叉的，需要协同机制。部门之间的协调监管，既是各部门依法行政的表现，也可以借此发挥各部门监管的专业优势，促进和提高监管的效率和效应，降低监管成本。单个行业监管部门积极履行本行业的监管职责，同时积极参与和履行协调监管职能，是整个企业年金制度健康运行的必要前提。

我国企业年金的监管主要涉及人力资源社会保障部门和金融监管部门。企业年金是多支柱的养老金中的一个重要支柱，进行大量而多方面的投资，存在一定的市场风险，需要功能良好的资本市场、货币市场和多种金融机构。积累制养老金制度如企业年金的开发应该与金融市场基础结构和协调机制的强化同时并举（包括开发新的金融工具和诸如通货膨胀指数化市场、功能完善的退休金市场等新的市场）。

人力资源和社会保障部门传统的监管对象主要是劳动和社会保障事务。而在企业年金的监管当中，人力资源和社会保障部门面临全新的市场、机构、工具。其监管对象涉及金融市场、金融机构、金融工具，对于劳动和社会保障部门这是全新的监管课题。劳动和社会保障部门迫切需要学习和借鉴金融监管的

---

① 杨老金、张平国：《企业年金需要协调监管》，《中国证券报》2005 年 5 月 24 日。

经验，积极谋求与金融监管部门的合作、协调。

金融监管部门与人力资源和社会保障部门的积极协调监管，既是金融监管部门依法行政、履行职责的表现，也是金融监管部门积极争取系统外监管资源的支持，促进金融行业发展的重要举措。而且，对于金融监管部门，协调监管的必要性既体现在各金融监管部门与劳动和社会保障部门的协调监管上，也体现在金融系统内部各专业监管部门之间的协调监管。中国的金融体制实行的是分业经营体制，金融监管也实行的是分业监管的体制。金融市场混业经营的发展趋势，迫切需要金融监管适应混业发展的市场，加强协调监管。企业年金制度的运行包括企业年金投资，涉及金融市场银行、证券、基金、信托、保险等不同行业，更加需要监管部门实行协调监管。

（七）发展和完善资本市场，促进企业年金投资

企业年金与资本市场发展是相辅相成的。中国资本市场并未完全成熟，投机风险依然存在，企业年金通过资本市场分享国民经济高速成长的收益还有一定的困难或不确定性，这构成了制约企业年金发展的负面因素。没有资本市场的回报，企业年金就仅是一个储蓄计划而已。企业年金通过资本市场实现保值增值已成必然选择，而目前中国资本市场波动性大风险大投机性强，导致人们对投资信心不足，因此影响了企业和职工建立企业年金的意愿。资本市场的制度完善、市场稳定、投资理性、工具丰富，将为企业年金基金投资提供工具、渠道、机会，企业年金的保值增值将进一步激励企业和职工建立企业年金的积极性。当然，企业年金的发展，更大规模的长期性的企业年金基金投资资本市场，也将促进中国资本市场的积极发展，成为中国资本市场持续发展的重要积极力量。

长期以来，由于我国金融体系的银行化、金融资产的储蓄化、金融市场的短期化，导致银行储蓄存款扮演了多种角色、承担了多种金融功能。银行过度集中了金融风险，资本市场发展不充分，不利于直接融资的实现，不利于资金的资本形成，不利于金融功能的完善。从全社会融资方式来看，以银行贷款为主的间接融资方式在金融资源配置中占据了主要的份额，挤占了资本市场为代表的直接融资方式的发展空间。居民储蓄资产畸高，储蓄的一大目的就是居民养老预防性资金储备，反映金融市场缺乏合理的机制、工具、渠道，推动闲置资金进入养老储蓄和投资市场。通过发展企业年金来替代和分离出居民银行存款用于养老的长期投资，可以有效、成功分流银行长期储蓄，促进长期投资市场的发展。由于企业年金基金资产管理的专业化、基金化、信托化特点，对资

本市场的机构投资者的治理结构、监督管理、信息披露、投资能力等提出了严格的要求，可以促进机构投资者的发展。从整个金融市场来看，养老基金包括企业年金基金的发展，有利于推动金融深化、促进长期投资、优化金融结构、优化资源配置。

（八）加强企业年金国民教育，提高委托人参与企业年金的积极性和能力

我国部分企业和职工对企业年金认识存在偏差。很多企业没有意识到企业年金是人力资源管理的重要战略，是提高员工积极性和忠诚度的"金手铐"，而是将其视为负担。加强有关企业年金的教育，包括建立企业年金制度的意义、工人集体协商的方法、权利和义务、企业年金管理、受托人权益、企业年金投资等，从而形成一种"企业年金文化"，推进企业承担社会责任，并且将增进员工福利作为企业发展和职工福利双赢的重要战略取向，提高职工的养老储蓄和投资意识。

美国是世界上企业年金市场最发达的国家之一，而美国企业年金市场的快速发展的一个关键因素就是科学的企业年金教育机制。对美国401（K）年金计划的研究表明：具备一些金融知识的雇员参加养老保险的意愿性和主动性更强，且一旦参保，退保的概率也低。从美国对国民的企业年金宣传与教育的实施效果来看，培训与宣传使企业年金知识得到普及，提高了人们对养老问题的关注，确保了运营机构企业年金操作的规范性和有效性、提高了企业年金的参与率。美国学者Bernheim曾调查发现高密度的企业年金的培训与宣传与低密度的企业年金培训与宣传相比，能使企业年金参与率提高一倍。

我国应该借鉴国外企业年金国民教育的经验，通过网络、报刊、咨询热线等多种形式，积极开展企业年金的国民教育，既提高企业和职工参与企业年金的积极性，又提高企业和职工参与企业年金管理的能力。企业年金投资的专业性、政策性非常强，尤其是企业年金国民教育的重点。

附　录

企业年金试行办法

第一条　为建立多层次的养老保险制度，更好地保障企业职工退休后的生活，完善社会保障体系，根据劳动法和国务院的有关规定，制定本办法。

第二条　本办法所称企业年金，是指企业及其职工在依法参加基本养老保险的基础上，自愿建立的补充养老保险制度。建立企业年金，应当按照本办法的规定执行。

第三条　符合下列条件的企业，可以建立企业年金：

（一）依法参加基本养老保险并履行缴费义务；

（二）具有相应的经济负担能力；

（三）已建立集体协商机制。

第四条　建立企业年金，应当由企业与工会或职工代表通过集体协商确定，并制定企业年金方案。国有及国有控股企业的企业年金方案草案应当提交职工大会或职工代表大会讨论通过。

第五条　企业年金方案应当包括以下内容：

（一）参加人员范围；

（二）资金筹集方式；

（三）职工企业年金个人账户管理方式；

（四）基金管理方式；

（五）计发办法和支付方式；

（六）支付企业年金待遇的条件；

（七）组织管理和监督方式；

（八）中止缴费的条件；

（九）双方约定的其他事项。

企业年金方案适用于企业试用期满的职工。

第六条　企业年金方案应当报送所在地区县以上地方人民政府劳动保障行政部门。中央所属大型企业企业年金方案，应当报送劳动保障部。劳动保障行政部门自收到企业年金方案文本之日起 15 日内未提出异议的，企业年金方案即行生效。

第七条　企业年金所需费用由企业和职工个人共同缴纳。企业缴费的列支渠道按国家有关规定执行；职工个人缴费可以由企业从职工个人工资中代扣。

第八条　企业缴费每年不超过本企业上年度职工工资总额的十二分之一；企业和职工个人缴费合计一般不超过本企业上年度职工工资总额的六分之一。

第九条　企业年金基金由下列各项组成：

（一）企业缴费；

（二）职工个人缴费；

（三）企业年金基金投资运营收益。

第十条　企业年金基金实行完全积累，采用个人账户方式进行管理。

企业年金基金可以按照国家规定投资运营。企业年金基金投资运营收益并入企业年金基金。

第十一条　企业缴费应当按照企业年金方案规定比例计算的数额计入职工企业年金个人账户；职工个人缴费额计入本人企业年金个人账户。

企业年金基金投资运营收益，按净收益率计入企业年金个人账户。

第十二条　职工在达到国家规定的退休年龄时，可以从本人企业年金个人账户中一次或定期领取企业年金。职工未达到国家规定的退休年龄的，不得从个人账户中提前提取资金。

出境定居人员的企业年金个人账户资金，可根据本人要求一次性支付给本人。

第十三条　职工变动工作单位时，企业年金个人账户资金可以随同转移。职工升学、参军、失业期间或新就业单位没有实行企业年金制度的，其企业年金个人账户可由原管理机构继续管理。

第十四条　职工或退休人员死亡后，其企业年金个人账户余额由其指定的受益人或法定继承人一次性领取。

第十五条　建立企业年金的企业，应当确定企业年金受托人（以下简称受托人），受托管理企业年金。受托人可以是企业成立的企业年金理事会，也可以是符合国家规定的法人受托机构。

第十六条　企业年金理事会由企业和职工代表组成，也可以聘请企业以外的专业人员参加，其中职工代表应不少于三分之一。

第十七条　企业年金理事会除管理本企业的企业年金事务之外，不得从事其他任何形式的营业性活动。

第十八条　确定受托人应当签订书面合同。合同一方为企业，另一方为受托人。

第十九条　受托人可以委托具有资格的企业年金账户管理机构作为账户管理人，负责管理企业年金账户；可以委托具有资格的投资运营机构作为投资管理人，负责企业年金基金的投资运营。

受托人应当选择具有资格的商业银行或专业托管机构作为托管人，负责托管企业年金基金。

受托人与账户管理人、投资管理人和托管人确定委托关系，应当签订书面合同。

第二十条　企业年金基金必须与受托人、账户管理人、投资管理人和托管人的自有资产或其他资产分开管理，不得挪作其他用途。

企业年金基金管理应当执行国家有关规定。

第二十一条　县级以上各级人民政府劳动保障行政部门负责对本办法的执行情况进行监督检查。对违反本办法规定的，由劳动保障行政部门予以警告，责令改正。

第二十二条　因履行企业年金合同发生争议的，当事人可以依法提请仲裁或者诉讼；因订立或者履行企业年金方案发生争议的，按国家有关集体合同争议处理规定执行。

第二十三条　参加企业基本养老保险社会统筹的其他单位，可参照本办法的规定执行。

第二十四条　本办法自 2004 年 5 月 1 日起实施。原劳动部 1995 年 12 月 29 日发布的《关于印发〈关于建立企业补充养老保险制度的意见〉的通知》同时废止。

劳动和社会保障部

2004 年 1 月 6 日

企业年金基金管理办法

第一章　总　则

第一条　为维护企业年金各方当事人的合法权益，规范企业年金基金管理，根据劳动法、信托法、合同法、证券投资基金法等法律和国务院有关规定，制定本办法。

第二条　企业年金基金的受托管理、账户管理、托管、投资管理以及监督管理适用本办法。

本办法所称企业年金基金，是指根据依法制定的企业年金计划筹集的资金及其投资运营收益形成的企业补充养老保险基金。

第三条　建立企业年金计划的企业及其职工作为委托人，与企业年金理事会或者法人受托机构（以下简称受托人）签订受托管理合同。

受托人与企业年金基金账户管理机构（以下简称账户管理人）、企业年金基金托管机构（以下简称托管人）和企业年金基金投资管理机构（以下简称投资管理人）分别签订委托管理合同。

第四条　受托人应当将受托管理合同和委托管理合同报人力资源社会保障行政部门备案。

第五条　一个企业年金计划应当仅有一个受托人、一个账户管理人和一个托管人，可以根据资产规模大小选择适量的投资管理人。

第六条　同一企业年金计划中，受托人与托管人、托管人与投资管理人不得为同一人；建立企业年金计划的企业成立企业年金理事会作为受托人的，该企业与托管人不得为同一人；受托人与托管人、托管人与投资管理人、投资管理人与其他投资管理人的总经理和企业年金从业人员，不得相互兼任。

同一企业年金计划中，法人受托机构具备账户管理或者投资管理业务资格的，可以兼任账户管理人或者投资管理人。

第七条　法人受托机构兼任投资管理人时，应当建立风险控制制度，确保各项业务管理之间的独立性；设立独立的受托业务和投资业务部门，办公区域、运营管理流程和业务制度应当严格分离；直接负责的高级管理人员、受托业务和投资业务部门的工作人员不得相互兼任。

同一企业年金计划中，法人受托机构对待各投资管理人应当执行统一的标准和流程，体现公开、公平、公正原则。

第八条　企业年金基金缴费必须归集到受托财产托管账户，并在45日内划入投资资产托管账户。企业年金基金财产独立于委托人、受托人、账户管理人、托管人、投资管理人和其他为企业年金基金管理提供服务的自然人、法人或者其他组织的固有财产及其管理的其他财产。

企业年金基金财产的管理、运用或者其他情形取得的财产和收益，应当归入基金财产。

第九条　委托人、受托人、账户管理人、托管人、投资管理人和其他为企业年金基金管理提供服务的自然人、法人或者其他组织，因被依法解散、被依法撤销或者被依法宣告破产等原因进行终止清算的，企业年金基金财产不属于其清算财产。

第十条　企业年金基金财产的债权，不得与委托人、受托人、账户管理人、托管人、投资管理人和其他为企业年金基金管理提供服务的自然人、法人或者其他组织固有财产的债务相互抵消。不同企业年金计划的企业年金基金的债权债务，不得相互抵消。

第十一条　非因企业年金基金财产本身承担的债务，不得对基金财产强制执行。

第十二条　受托人、账户管理人、托管人、投资管理人和其他为企业年金基金管理提供服务的自然人、法人或者其他组织必须恪尽职守，履行诚实、信用、谨慎、勤勉的义务。

第十三条　人力资源社会保障部负责制定企业年金基金管理的有关政策。人力资源社会保障行政部门对企业年金基金管理进行监管。

第二章　受托人

第十四条　本办法所称受托人，是指受托管理企业年金基金的符合国家规定的养老金管理公司等法人受托机构（以下简称法人受托机构）或者企业年金理事会。

第十五条　建立企业年金计划的企业，应当通过职工大会或者职工代表大会讨论确定，选择法人受托机构作为受托人，或者成立企业年金理事会作为受托人。

第十六条　企业年金理事会由企业代表和职工代表等人员组成，也可以聘请企业以外的专业人员参加，其中职工代表不少于三分之一。理事会应当配备一定数量的专职工作人员。

第十七条　企业年金理事会中的职工代表和企业以外的专业人员由职工大会、职工代表大会或者其他形式民主选举产生。企业代表由企业方聘任。

理事任期由企业年金理事会章程规定，但每届任期不得超过三年。理事任期届满，连选可以连任。

第十八条　企业年金理事会理事应当具备下列条件：

（一）具有完全民事行为能力；

（二）诚实守信，无犯罪记录；

（三）具有从事法律、金融、会计、社会保障或者其他履行企业年金理事会理事职责所必需的专业知识；

（四）具有决策能力；

（五）无个人所负数额较大的债务到期未清偿情形。

第十九条　企业年金理事会依法独立管理本企业的企业年金基金事务，不受企业方的干预，不得从事任何形式的营业性活动，不得从企业年金基金财产中提取管理费用。

第二十条　企业年金理事会会议，应当由理事本人出席；理事因故不能出席，可以书面委托其他理事代为出席，委托书中应当载明授权范围。

理事会作出决议，应当经全体理事三分之二以上通过。理事会应当对会议所议事项的决定形成会议记录，出席会议的理事应当在会议记录上签名。

第二十一条　理事应当对企业年金理事会的决议承担责任。理事会的决议违反法律、行政法规、本办法规定或者理事会章程，致使企业年金基金财产遭受损失的，理事应当承担赔偿责任。但经证明在表决时曾表明异议并记载于会议记录的，该理事可以免除责任。

企业年金理事会对外签订合同，应当由全体理事签字。

第二十二条　法人受托机构应当具备下列条件：

（一）经国家金融监管部门批准，在中国境内注册的独立法人；

（二）注册资本不少于5亿元人民币，且在任何时候都维持不少于5亿元人民币的净资产；

（三）具有完善的法人治理结构；

（四）取得企业年金基金从业资格的专职人员达到规定人数；

（五）具有符合要求的营业场所、安全防范设施和与企业年金基金受托管理业务有关的其他设施；

（六）具有完善的内部稽核监控制度和风险控制制度；

（七）近 3 年没有重大违法违规行为；

（八）国家规定的其他条件。

第二十三条　受托人应当履行下列职责：

（一）选择、监督、更换账户管理人、托管人、投资管理人；

（二）制定企业年金基金战略资产配置策略；

（三）根据合同对企业年金基金管理进行监督；

（四）根据合同收取企业和职工缴费，向受益人支付企业年金待遇，并在合同中约定具体的履行方式；

（五）接受委托人查询，定期向委托人提交企业年金基金管理和财务会计报告。发生重大事件时，及时向委托人和有关监管部门报告；定期向有关监管部门提交开展企业年金基金受托管理业务情况的报告；

（六）按照国家规定保存与企业年金基金管理有关的记录自合同终止之日起至少 15 年；

（七）国家规定和合同约定的其他职责。

第二十四条　本办法所称受益人，是指参加企业年金计划并享有受益权的企业职工。

第二十五条　有下列情形之一的，法人受托机构职责终止：

（一）违反与委托人合同约定的；

（二）利用企业年金基金财产为其谋取利益，或者为他人谋取不正当利益的；

（三）依法解散、被依法撤销、被依法宣告破产或者被依法接管的；

（四）被依法取消企业年金基金受托管理业务资格的；

（五）委托人有证据认为更换受托人符合受益人利益的；

（六）有关监管部门有充分理由和依据认为更换受托人符合受益人利益的；

（七）国家规定和合同约定的其他情形。

企业年金理事会有前款第（二）项规定情形的，企业年金理事会职责终止，由委托人选择法人受托机构担任受托人。企业年金理事会有第（一）、第

（三）至第（七）项规定情形之一的，应当按照国家规定重新组成，或者由委托人选择法人受托机构担任受托人。

第二十六条　受托人职责终止的，委托人应当在45日内委任新的受托人。

受托人职责终止的，应当妥善保管企业年金基金受托管理资料，在45日内办理完毕受托管理业务移交手续，新受托人应当接收并行使相应职责。

第三章　账户管理人

第二十七条　本办法所称账户管理人，是指接受受托人委托管理企业年金基金账户的专业机构。

第二十八条　账户管理人应当具备下列条件：

（一）经国家有关部门批准，在中国境内注册的独立法人；

（二）注册资本不少于5亿元人民币，且在任何时候都维持不少于5亿元人民币的净资产；

（三）具有完善的法人治理结构；

（四）取得企业年金基金从业资格的专职人员达到规定人数；

（五）具有相应的企业年金基金账户信息管理系统；

（六）具有符合要求的营业场所、安全防范设施和与企业年金基金账户管理业务有关的其他设施；

（七）具有完善的内部稽核监控制度和风险控制制度；

（八）近3年没有重大违法违规行为；

（九）国家规定的其他条件。

第二十九条　账户管理人应当履行下列职责：

（一）建立企业年金基金企业账户和个人账户；

（二）记录企业、职工缴费以及企业年金基金投资收益；

（三）定期与托管人核对缴费数据以及企业年金基金账户财产变化状况，及时将核对结果提交受托人；

（四）计算企业年金待遇；

（五）向企业和受益人提供企业年金基金企业账户和个人账户信息查询服务；向受益人提供年度权益报告；

（六）定期向受托人提交账户管理数据等信息以及企业年金基金账户管理报告；定期向有关监管部门提交开展企业年金基金账户管理业务情况的报告；

（七）按照国家规定保存企业年金基金账户管理档案自合同终止之日起至

少 15 年；

（八）国家规定和合同约定的其他职责。

第三十条 有下列情形之一的，账户管理人职责终止：

（一）违反与受托人合同约定的；

（二）利用企业年金基金财产为其谋取利益，或者为他人谋取不正当利益的；

（三）被依法解散、被依法撤销、被依法宣告破产或者被依法接管的；

（四）被依法取消企业年金基金账户管理业务资格的；

（五）受托人有证据认为更换账户管理人符合受益人利益的；

（六）有关监管部门有充分理由和依据认为更换账户管理人符合受益人利益的；

（七）国家规定和合同约定的其他情形。

第三十一条 账户管理人职责终止的，受托人应当在 45 日内确定新的账户管理人。

账户管理人职责终止的，应当妥善保管企业年金基金账户管理资料，在 45 日内办理完毕账户管理业务移交手续，新账户管理人应当接收并行使相应职责。

第四章　托管人

第三十二条 本办法所称托管人，是指接受受托人委托保管企业年金基金财产的商业银行。

第三十三条 托管人应当具备下列条件：

（一）经国家金融监管部门批准，在中国境内注册的独立法人；

（二）注册资本不少于 50 亿元人民币，且在任何时候都维持不少于 50 亿元人民币的净资产；

（三）具有完善的法人治理结构；

（四）设有专门的资产托管部门；

（五）取得企业年金基金从业资格的专职人员达到规定人数；

（六）具有保管企业年金基金财产的条件；

（七）具有安全高效的清算、交割系统；

（八）具有符合要求的营业场所、安全防范设施和与企业年金基金托管业务有关的其他设施；

（九）具有完善的内部稽核监控制度和风险控制制度；

（十）近 3 年没有重大违法违规行为；

（十一）国家规定的其他条件。

第三十四条　托管人应当履行下列职责：

（一）安全保管企业年金基金财产；

（二）以企业年金基金名义开设基金财产的资金账户和证券账户等；

（三）对所托管的不同企业年金基金财产分别设置账户，确保基金财产的完整和独立；

（四）根据受托人指令，向投资管理人分配企业年金基金财产；

（五）及时办理清算、交割事宜；

（六）负责企业年金基金会计核算和估值，复核、审查和确认投资管理人计算的基金财产净值；

（七）根据受托人指令，向受益人发放企业年金待遇；

（八）定期与账户管理人、投资管理人核对有关数据；

（九）按照规定监督投资管理人的投资运作，并定期向受托人报告投资监督情况；

（十）定期向受托人提交企业年金基金托管和财务会计报告；定期向有关监管部门提交开展企业年金基金托管业务情况的报告；

（十一）按照国家规定保存企业年金基金托管业务活动记录、账册、报表和其他相关资料自合同终止之日起至少 15 年；

（十二）国家规定和合同约定的其他职责。

第三十五条　托管人发现投资管理人依据交易程序尚未成立的投资指令违反法律、行政法规、其他有关规定或者合同约定的，应当拒绝执行，立即通知投资管理人，并及时向受托人和有关监管部门报告。

托管人发现投资管理人依据交易程序已经成立的投资指令违反法律、行政法规、其他有关规定或者合同约定的，应当立即通知投资管理人，并及时向受托人和有关监管部门报告。

第三十六条　有下列情形之一的，托管人职责终止：

（一）违反与受托人合同约定的；

（二）利用企业年金基金财产为其谋取利益，或者为他人谋取不正当利益的；

（三）依法解散、被依法撤销、被依法宣告破产或者被依法接管的；

（四）被依法取消企业年金基金托管业务资格的；

（五）受托人有证据认为更换托管人符合受益人利益的；

（六）有关监管部门有充分理由和依据认为更换托管人符合受益人利益的；

（七）国家规定和合同约定的其他情形。

第三十七条　托管人职责终止的，受托人应当在 45 日内确定新的托管人。

托管人职责终止的，应当妥善保管企业年金基金托管资料，在 45 日内办理完毕托管业务移交手续，新托管人应当接收并行使相应职责。

第三十八条　禁止托管人有下列行为：

（一）托管的企业年金基金财产与其固有财产混合管理；

（二）托管的企业年金基金财产与托管的其他财产混合管理；

（三）托管的不同企业年金计划、不同企业年金投资组合的企业年金基金财产混合管理；

（四）侵占、挪用托管的企业年金基金财产；

（五）国家规定和合同约定禁止的其他行为。

第五章　投资管理人

第三十九条　本办法所称投资管理人，是指接受受托人委托投资管理企业年金基金财产的专业机构。

第四十条　投资管理人应当具备下列条件：

（一）经国家金融监管部门批准，在中国境内注册，具有受托投资管理、基金管理或者资产管理资格的独立法人；

（二）具有证券资产管理业务的证券公司注册资本不少于 10 亿元人民币，且在任何时候都维持不少于 10 亿元人民币的净资产；养老金管理公司注册资本不少于 5 亿元人民币，且在任何时候都维持不少于 5 亿元人民币的净资产；信托公司注册资本不少于 3 亿元人民币，且在任何时候都维持不少于 3 亿元人民币的净资产；基金管理公司、保险资产管理公司、证券资产管理公司或者其他专业投资机构注册资本不少于 1 亿元人民币，且在任何时候都维持不少于 1 亿元人民币的净资产；

（三）具有完善的法人治理结构；

（四）取得企业年金基金从业资格的专职人员达到规定人数；

（五）具有符合要求的营业场所、安全防范设施和与企业年金基金投资管理业务有关的其他设施；

（六）具有完善的内部稽核监控制度和风险控制制度；

（七）近 3 年没有重大违法违规行为；

（八）国家规定的其他条件。

第四十一条　投资管理人应当履行下列职责：

（一）对企业年金基金财产进行投资；

（二）及时与托管人核对企业年金基金会计核算和估值结果；

（三）建立企业年金基金投资管理风险准备金；

（四）定期向受托人提交企业年金基金投资管理报告；定期向有关监管部门提交开展企业年金基金投资管理业务情况的报告；

（五）根据国家规定保存企业年金基金财产会计凭证、会计账簿、年度财务会计报告和投资记录自合同终止之日起至少 15 年；

（六）国家规定和合同约定的其他职责。

第四十二条　有下列情形之一的，投资管理人应当及时向受托人报告：

（一）企业年金基金单位净值大幅度波动的；

（二）可能使企业年金基金财产受到重大影响的有关事项；

（三）国家规定和合同约定的其他情形。

第四十三条　有下列情形之一的，投资管理人职责终止：

（一）违反与受托人合同约定的；

（二）利用企业年金基金财产为其谋取利益，或者为他人谋取不正当利益的；

（三）依法解散、被依法撤销、被依法宣告破产或者被依法接管的；

（四）被依法取消企业年金基金投资管理业务资格的；

（五）受托人有证据认为更换投资管理人符合受益人利益的；

（六）有关监管部门有充分理由和依据认为更换投资管理人符合受益人利益的；

（七）国家规定和合同约定的其他情形。

第四十四条　投资管理人职责终止的，受托人应当在 45 日内确定新的投资管理人。

投资管理人职责终止的，应当妥善保管企业年金基金投资管理资料，在 45 日内办理完毕投资管理业务移交手续，新投资管理人应当接收并行使相应职责。

第四十五条　禁止投资管理人有下列行为：

（一）将其固有财产或者他人财产混同于企业年金基金财产；

（二）不公平对待企业年金基金财产与其管理的其他财产；

（三）不公平对待其管理的不同企业年金基金财产；

（四）侵占、挪用企业年金基金财产；

（五）承诺、变相承诺保本或者保证收益；

（六）利用所管理的其他资产为企业年金计划委托人、受益人或者相关管理人谋取不正当利益；

（七）国家规定和合同约定禁止的其他行为。

第六章　基金投资

第四十六条　企业年金基金投资管理应当遵循谨慎、分散风险的原则，充分考虑企业年金基金财产的安全性、收益性和流动性，实行专业化管理。

第四十七条　企业年金基金财产限于境内投资，投资范围包括银行存款、国债、中央银行票据、债券回购、万能保险产品、投资连结保险产品、证券投资基金、股票，以及信用等级在投资级以上的金融债、企业（公司）债、可转换债（含分离交易可转换债）、短期融资券和中期票据等金融产品。

第四十八条　每个投资组合的企业年金基金财产应当由一个投资管理人管理，企业年金基金财产以投资组合为单位按照公允价值计算应当符合下列规定：

（一）投资银行活期存款、中央银行票据、债券回购等流动性产品以及货币市场基金的比例，不得低于投资组合企业年金基金财产净值的5%；清算备付金、证券清算款以及一级市场证券申购资金视为流动性资产；投资债券正回购的比例不得高于投资组合企业年金基金财产净值的40%。

（二）投资银行定期存款、协议存款、国债、金融债、企业（公司）债、短期融资券、中期票据、万能保险产品等固定收益类产品以及可转换债（含分离交易可转换债）、债券基金、投资连结保险产品（股票投资比例不高于30%）的比例，不得高于投资组合企业年金基金财产净值的95%。

（三）投资股票等权益类产品以及股票基金、混合基金、投资连结保险产品（股票投资比例高于或者等于30%）的比例，不得高于投资组合企业年金基金财产净值的30%。其中，企业年金基金不得直接投资于权证，但因投资股票、分离交易可转换债等投资品种而衍生获得的权证，应当在权证上市交易之日起10个交易日内卖出。

第四十九条　根据金融市场变化和投资运作情况，人力资源社会保障部会同中国银监会、中国证监会和中国保监会，适时对投资范围和比例进行调整。

第五十条　单个投资组合的企业年金基金财产，投资于一家企业所发行的股票，单期发行的同一品种短期融资券、中期票据、金融债、企业（公司）债、可转换债（含分离交易可转换债），单只证券投资基金，单个万能保险产品或者投资连结保险产品，分别不得超过该企业上述证券发行量、该基金份额或者该保险产品资产管理规模的5%；按照公允价值计算，也不得超过该投资组合企业年金基金财产净值的10%。

单个投资组合的企业年金基金财产，投资于经备案的符合第四十八条投资比例规定的单只养老金产品，不得超过该投资组合企业年金基金财产净值的30%，不受上述10%规定的限制。

第五十一条　投资管理人管理的企业年金基金财产投资于自己管理的金融产品须经受托人同意。

第五十二条　因证券市场波动、上市公司合并、基金规模变动等投资管理人之外的因素致使企业年金基金投资不符合本办法第四十八条、第五十条规定的比例或者合同约定的投资比例的，投资管理人应当在可上市交易之日起10个交易日内调整完毕。

第五十三条　企业年金基金证券交易以现货和国务院规定的其他方式进行，不得用于向他人贷款和提供担保。

投资管理人不得从事使企业年金基金财产承担无限责任的投资。

第七章　收益分配及费用

第五十四条　账户管理人应当采用份额计量方式进行账户管理，根据企业年金基金单位净值，按周或者按日足额记入企业年金基金企业账户和个人账户。

第五十五条　受托人年度提取的管理费不高于受托管理企业年金基金财产净值的0.2%。

第五十六条　账户管理人的管理费按照每户每月不超过5元人民币的限额，由建立企业年金计划的企业另行缴纳。

保留账户和退休人员账户的账户管理费可以按照合同约定由受益人自行承担，从受益人个人账户中扣除。

第五十七条　托管人年度提取的管理费不高于托管企业年金基金财产净值

的 0.2%。

第五十八条　投资管理人年度提取的管理费不高于投资管理企业年金基金财产净值的 1.2%。

第五十九条　根据企业年金基金管理情况，人力资源社会保障部会同中国银监会、中国证监会和中国保监会，适时对有关管理费进行调整。

第六十条　投资管理人从当期收取的管理费中，提取 20% 作为企业年金基金投资管理风险准备金，专项用于弥补合同终止时所管理投资组合的企业年金基金当期委托投资资产的投资亏损。

第六十一条　当合同终止时，如所管理投资组合的企业年金基金财产净值低于当期委托投资资产的，投资管理人应当用风险准备金弥补该时点的当期委托投资资产亏损，直至该投资组合风险准备金弥补完毕；如所管理投资组合的企业年金基金当期委托投资资产没有发生投资亏损或者风险准备金弥补后有剩余的，风险准备金划归投资管理人所有。

第六十二条　企业年金基金投资管理风险准备金应当存放于投资管理人在托管人处开立的专用存款账户，余额达到投资管理人所管理投资组合基金财产净值的 10% 时可以不再提取。托管人不得对投资管理风险准备金账户收取费用。

第六十三条　风险准备金由投资管理人进行管理，可以投资于银行存款、国债等高流动性、低风险金融产品。风险准备金产生的投资收益，应当纳入风险准备金管理。

第八章　计划管理和信息披露

第六十四条　企业年金单一计划指受托人将单个委托人交付的企业年金基金，单独进行受托管理的企业年金计划。

企业年金集合计划指同一受托人将多个委托人交付的企业年金基金，集中进行受托管理的企业年金计划。

第六十五条　法人受托机构设立集合计划，应当制定集合计划受托管理合同，为每个集合计划确定账户管理人、托管人各一名，投资管理人至少 3 名；并分别与其签订委托管理合同。

集合计划受托人应当将制定的集合计划受托管理合同、签订的委托管理合同以及该集合计划的投资组合说明书报人力资源社会保障部备案。

第六十六条　一个企业年金方案的委托人只能建立一个企业年金单一计划

或者参加一个企业年金集合计划。委托人加入集合计划满 3 年后，方可根据受托管理合同规定选择退出集合计划。

第六十七条　发生下列情形之一的，企业年金单一计划变更：

（一）企业年金计划受托人、账户管理人、托管人或者投资管理人变更；

（二）企业年金基金管理合同主要内容变更；

（三）企业年金计划名称变更；

（四）国家规定的其他情形。

发生前款规定情形时，受托人应当将相关企业年金基金管理合同重新报人力资源社会保障行政部门备案。

第六十八条　企业年金单一计划终止时，受托人应当组织清算组对企业年金基金财产进行清算。清算费用从企业年金基金财产中扣除。

清算组由企业代表、职工代表、受托人、账户管理人、托管人、投资管理人以及由受托人聘请的会计师事务所、律师事务所等组成。

清算组应当自清算工作完成后 3 个月内，向人力资源社会保障行政部门和受益人提交经会计师事务所审计以及律师事务所出具法律意见书的清算报告。

人力资源社会保障行政部门应当注销该企业年金计划。

第六十九条　受益人工作单位发生变化，新工作单位已经建立企业年金计划的，其企业年金个人账户权益应当转入新工作单位的企业年金计划管理。新工作单位没有建立企业年金计划的，其企业年金个人账户权益可以在原法人受托机构发起的集合计划设置的保留账户统一管理；原受托人是企业年金理事会的，由企业与职工协商选择法人受托机构管理。

第七十条　企业年金单一计划终止时，受益人企业年金个人账户权益应当转入原法人受托机构发起的集合计划设置的保留账户统一管理；原受托人是企业年金理事会的，由企业与职工协商选择法人受托机构管理。

第七十一条　发生以下情形之一的，受托人应当聘请会计师事务所对企业年金计划进行审计。审计费用从企业年金基金财产中扣除。

（一）企业年金计划连续运作满三个会计年度时；

（二）企业年金计划管理人职责终止时；

（三）国家规定的其他情形。

账户管理人、托管人、投资管理人应当自上述情况发生之日起配合会计师事务所对企业年金计划进行审计。受托人应当自上述情况发生之日起的 50 日内向委托人以及人力资源社会保障行政部门提交审计报告。

第七十二条 受托人应当在每季度结束后 30 日内向委托人提交企业年金基金管理季度报告；并应当在年度结束后 60 日内向委托人提交企业年金基金管理和财务会计年度报告。

第七十三条 账户管理人应当在每季度结束后 15 日内向受托人提交企业年金基金账户管理季度报告；并应当在年度结束后 45 日内向受托人提交企业年金基金账户管理年度报告。

第七十四条 托管人应当在每季度结束后 15 日内向受托人提交企业年金基金托管和财务会计季度报告；并应当在年度结束后 45 日内向受托人提交企业年金基金托管和财务会计年度报告。

第七十五条 投资管理人应当在每季度结束后 15 日内向受托人提交经托管人确认财务管理数据的企业年金基金投资组合季度报告；并应当在年度结束后 45 日内向受托人提交经托管人确认财务管理数据的企业年金基金投资管理年度报告。

第七十六条 法人受托机构、账户管理人、托管人和投资管理人发生下列情形之一的，应当及时向人力资源社会保障部报告；账户管理人、托管人和投资管理人应当同时抄报受托人。

（一）减资、合并、分立、依法解散、被依法撤销、决定申请破产或者被申请破产的；

（二）涉及重大诉讼或者仲裁的；

（三）董事长、总经理、直接负责企业年金业务的高级管理人员发生变动的；

（四）国家规定的其他情形。

第七十七条 受托人、账户管理人、托管人和投资管理人应当按照规定报告企业年金基金管理情况，并对所报告内容的真实性、完整性负责。

第九章 监督检查

第七十八条 法人受托机构、账户管理人、托管人、投资管理人开展企业年金基金管理相关业务，应当向人力资源社会保障部提出申请。法人受托机构、账户管理人、投资管理人向人力资源社会保障部提出申请前应当先经其业务监管部门同意，托管人向人力资源社会保障部提出申请前应当先向其业务监管部门备案。

第七十九条 人力资源社会保障部收到法人受托机构、账户管理人、托管人、投资管理人的申请后，应当组织专家评审委员会，按照规定进行审慎评审。经评审符合条件的，由人力资源社会保障部会同有关部门确认公告；经评审不符合条件的，应当书面通知申请人。

专家评审委员会由有关部门代表和社会专业人士组成。每次参加评审的专家应当从专家评审委员会中随机抽取产生。

第八十条　受托人、账户管理人、托管人、投资管理人开展企业年金基金管理相关业务，应当接受人力资源社会保障行政部门的监管。

法人受托机构、账户管理人、托管人和投资管理人的业务监管部门按照各自职责对其经营活动进行监督。

第八十一条　人力资源社会保障部依法履行监督管理职责，可以采取以下措施：

（一）查询、记录、复制与被调查事项有关的企业年金基金管理合同、财务会计报告等资料；

（二）询问与调查事项有关的单位和个人，要求其对有关问题做出说明、提供有关证明材料；

（三）国家规定的其他措施。

委托人、受托人、账户管理人、托管人、投资管理人和其他为企业年金基金管理提供服务的自然人、法人或者其他组织，应当积极配合检查，如实提供有关资料，不得拒绝、阻挠或者逃避检查，不得谎报、隐匿或者销毁相关证据材料。

第八十二条　人力资源社会保障部依法进行调查或者检查时，应当至少由两人共同进行，并出示证件，承担下列义务：

（一）依法履行职责，秉公执法，不得利用职务之便谋取私利；

（二）保守在调查或者检查时知悉的商业秘密；

（三）为举报人员保密。

第八十三条　法人受托机构、中央企业集团公司成立的企业年金理事会、账户管理人、托管人、投资管理人违反本办法规定或者企业年金基金管理费、信息披露相关规定的，由人力资源社会保障部责令改正。其他企业（包括中央企业子公司）成立的企业年金理事会，违反本办法规定或者企业年金基金管理费、信息披露相关规定的，由管理合同备案所在地的省、自治区、直辖市或者计划单列市人力资源社会保障行政部门责令改正。

第八十四条　受托人、账户管理人、托管人、投资管理人发生违法违规行为可能影响企业年金基金财产安全的，或者经责令改正而不改正的，由人力资源社会保障部暂停其接收新的企业年金基金管理业务。给企业年金基金财产或者受益人利益造成损害的，依法承担赔偿责任；构成犯罪的，依法追究刑事责任。

第八十五条　人力资源社会保障部将法人受托机构、账户管理人、托管人、投资管理人违法行为、处理结果以及改正情况予以记录，同时抄送业务监管部门。在企业年金基金管理资格有效期内，有三次以上违法记录或者一次以上经责令改正而不改正的，在其资格到期之后5年内，不再受理其开展企业年金基金管理业务的申请。

第八十六条　会计师事务所和律师事务所提供企业年金中介服务应当严格遵守相关职业准则和行业规范。

第十章　附　则

第八十七条　企业年金基金管理，国务院另有规定的，从其规定。

第八十八条　本办法自2011年5月1日起施行。劳动和社会保障部、中国银行业监督管理委员会、中国证券监督管理委员会、中国保险监督管理委员会于2004年2月23日发布的《企业年金基金管理试行办法》（劳动保障部令第23号）同时废止。

企业会计准则第10号——企业年金基金（2006）

财会〔2006〕3号
颁布时间：2006-2-15　发文单位：财政部

第一章　总　则

第一条　为了规范企业年金基金的确认、计量和财务报表列报，根据《企业会计准则——基本准则》，制定本准则。

第二条　企业年金基金，是指根据依法制定的企业年金计划筹集的资金及其投资运营收益形成的企业补充养老保险基金。

第三条　企业年金基金应当作为独立的会计主体进行确认、计量和列报。

委托人、受托人、托管人、账户管理人、投资管理人和其他为企业年金基金管理提供服务的主体，应当将企业年金基金与其固有资产和其他资产严格区分，确保企业年金基金的安全。

第二章　确认和计量

第四条　企业年金基金应当分别资产、负债、收入、费用和净资产进行确认和计量。

第五条　企业年金基金缴费及其运营形成的各项资产包括：货币资金、应收证券清算款、应收利息、买入返售证券、其他应收款、债券投资、基金投资、股票投资、其他投资等。

第六条　企业年金基金在运营中根据国家规定的投资范围取得的国债、信用等级在投资级以上的金融债和企业债、可转换债、投资性保险产品、证券投资基金、股票等具有良好流动性的金融产品，其初始取得和后续估值应当以公允价值计量：

（一）初始取得投资时，应当以交易日支付的成交价款作为其公允价值。发生的交易费用直接计入当期损益。

（二）估值日对投资进行估值时，应当以其公允价值调整原账面价值，公允价值与原账面价值的差额计入当期损益。

投资公允价值的确定，适用《企业会计准则第22号——金融工具确认和计量》。

第七条　企业年金基金运营形成的各项负债包括：应付证券清算款、应付受益人待遇、应付受托人管理费、应付托管人管理费、应付投资管理人管理费、应交税金、卖出回购证券款、应付利息、应付佣金和其他应付款等。

第八条　企业年金基金运营形成的各项收入包括：存款利息收入、买入返售证券收入、公允价值变动收益、投资处置收益和其他收入。

第九条　收入应当按照下列规定确认和计量：

（一）存款利息收入，按照本金和适用的利率确定。

（二）买入返售证券收入，在融券期限内按照买入返售证券价款和协议约定的利率确定。

（三）公允价值变动收益，在估值日按照当日投资公允价值与原账面价值（即上一估值日投资公允价值）的差额确定。

（四）投资处置收益，在交易日按照卖出投资所取得的价款与其账面价值的差额确定。

（五）风险准备金补亏等其他收入，按照实际发生的金额确定。

第十条　企业年金基金运营发生的各项费用包括：交易费用、受托人管理费、托管人管理费、投资管理人管理费、卖出回购证券支出和其他费用。

第十一条　费用应当按照下列规定确认和计量：

（一）交易费用，包括支付给代理机构、咨询机构、券商的手续费和佣金及其他必要支出，按照实际发生的金额确定。

（二）受托人管理费、托管人管理费和投资管理人管理费，根据相关规定按实际计提的金额确定。

（三）卖出回购证券支出，在融资期限内按照卖出回购证券价款和协议约定的利率确定。

（四）其他费用，按照实际发生的金额确定。

第十二条　企业年金基金的净资产，是指企业年金基金的资产减去负债后的余额。资产负债表日，应当将当期各项收入和费用结转至净资产。

净资产应当分别企业和职工个人设置账户，根据企业年金计划按期将运营收益分配计入各账户。

第十三条　净资产应当按照下列规定确认和计量：

（一）向企业和职工个人收取的缴费，按照收到的金额增加净资产。

（二）向受益人支付的待遇，按照应付的金额减少净资产。

（三）因职工调入企业而发生的个人账户转入金额，增加净资产。

（四）因职工调离企业而发生的个人账户转出金额，减少净资产。

第三章　列　报

第十四条　企业年金基金的财务报表包括资产负债表、净资产变动表和附注。

第十五条　资产负债表反映企业年金基金在某一特定日期的财务状况，应当按照资产、负债和净资产分类列示。

第十六条　资产类项目至少应当列示下列信息：

（一）货币资金；

（二）应收证券清算款；

（三）应收利息；

（四）买入返售证券；

（五）其他应收款；

（六）债券投资；

（七）基金投资；

（八）股票投资；

（九）其他投资；

（十）其他资产。

第十七条　负债类项目至少应当列示下列信息：

（一）应付证券清算款；

（二）应付受益人待遇；

（三）应付受托人管理费；

（四）应付托管人管理费；

（五）应付投资管理人管理费；

（六）应交税金；

（七）卖出回购证券款；

（八）应付利息；

（九）应付佣金；

（十）其他应付款。

第十八条　净资产类项目列示企业年金基金净值。

第十九条　净资产变动表反映企业年金基金在一定会计期间的净资产增减变动情况，应当列示下列信息：

（一）期初净资产；

（二）本期净资产增加数，包括本期收入、收取企业缴费、收取职工个人缴费、个人账户转入；

（三）本期净资产减少数，包括本期费用、支付受益人待遇、个人账户转出；

（四）期末净资产。

第二十条　附注应当披露下列信息：

（一）企业年金计划的主要内容及重大变化；

（二）投资种类、金额及公允价值的确定方法；

（三）各类投资占投资总额的比例；

（四）可能使投资价值受到重大影响的其他事项。

附表：

资产负债表

编制单位：　　　　　　　　　年　　月　　日　　　　　　　　　单位：元

资　　产	行次	年初数	期末数	负债和净资产	行次	年初数	期末数
资产：				负债：			
货币资金				应付证券清算款			
应收证券清算款				应付受益人待遇			
应收利息				应付受托人管理费			
买入返售证券				应付托管人管理费			
其他应收款				应付投资管理人管理费			
债券投资				应交税金			
基金投资				卖出回购证券款			
股票投资				应付利息			
其他投资				应付佣金			
其他资产				其他应付款			
				负债合计			
				净资产：			
				企业年金基金净值			
资产总计				负债和净资产总计			

净资产变动表

编制单位：　　　　　　　　　年　　月　　日　　　　　　　　　单位：元

项　　目	行次	本月数	本年累计数
一、期初净资产			
二、本期净资产增加数			
（一）本期收入			
1. 存款利息收入			
2. 买入返售证券收入			
3. 公允价值变动收益			
4. 投资处置收益			

续表

项　目	行次	本月数	本年累计数
5. 其他收入			
（二）收取企业缴费			
（三）收取职工个人缴费			
（四）个人账户转入			
三、本期净资产减少数			
（一）本期费用			
1. 交易费用			
2. 受托人管理费			
3. 托管人管理费			
4. 投资管理人管理费			
5. 卖出回购证券支出			
6. 其他费用			
（二）支付受益人待遇			
（三）个人账户转出			
四、期末净资产			

参考文献

[1] 阿尔伯特·弗雷德曼、鲁斯·瓦尔斯：《共同基金运作》，刘勇、伊志宏译，清华大学出版社、西蒙与舒斯特国际出版公司 1998 年版。

[2] 阿伦·摩拉利达尔：《养老基金管理创新》，沈国华译，上海财经大学出版社 2004 年版。

[3] 埃弗里特·艾伦、约瑟夫·梅隆、杰里·罗森布鲁姆、杰克·范德海：《退休金计划——退休金、利润分享和其他延期支付》，杨燕绥、费朝晖、李卫东等译，经济科学出版社 2003 年版。

[4] 丹尼斯·罗格、杰克·雷德尔：《养老基金计划管理》，中国劳动社会保障出版社 2003 年版。

[5] 邓大松等：《中国社会保障若干重大问题研究》，海天出版社 2001 年版。

[6] 邓大松、刘昌平：《中国企业年金制度研究》，人民出版社 2004 年版。

[7] 菲利普·戴维斯、贝恩·斯泰尔：《机构投资者》，唐巧琪、周为群译，中国人民大学出版社 2005 年版。

[8] 弗兰克·法博齐、佛朗哥·莫迪利亚尼：《资本市场：机构与工具》，唐旭译，经济科学出版社 1998 年版。

[9] 弗兰克·法博齐：《投资管理学》，周刚、王化斌、张宗梁、吕刚正、杨艳枫译，经济科学出版社 1999 年版。

[10] 耿志民：《养老保险基金与资本市场》，经济管理出版社 2000 年版。

[11] 哈里·马克威茨：《资产选择——投资的有效分散化》，刘军霞、张一驰译，首都经济贸易大学出版社 2000 年版。

[12] 韩大伟、厉放、吴家亨：《养老基金体制——国际比较·改革思路·发展对策》，经济科学出版社 2000 年版。

[13] 贺强、李俊峰、韩复龄、杨长汉：《证券投资学》，中国财经出版社 2010 年版。

[14] 贺强、杨长汉：《建立养老基金投资绩效评价体系》，《价格理论与实践》2011 年 2 月 28 日。

[15] 科林·吉列恩、约翰·特纳、克利夫·贝雷、丹尼斯·拉图利普：《全球养老保障——改革与发展》，杨燕绥等译，中国劳动社会保障出版社 2002 年版。

[16] 劳动保障部社会保险研究所、博时基金管理有限公司：《中国企业年金制度与管理规范》，中国劳动社会保障出版社 2001 年版。

[17] 李绍光：《养老基金制度与资本市场》，中国发展出版社 1998 年版。

[18] 李扬、王国刚、何德旭：《中国金融理论前沿》，社会科学文献出版社 2003 年版。

[19] 李珍、刘昌平：《建立和完善中国养老社会保险基金分权式管理制度和相互制衡式监督制度的构想》，《中国软科学》2002 年第 3 期。

[20] 林义：《社会保险基金管理》，中国劳动社会保障出版社 2002 年版。

[21] 林羿：《美国的私有退休金体制》，北京大学出版社 2002 年版。

[22] 林羿：《美国企业养老金的运营与监管》，中国财经出版社 2006 年版。

[23] 马克·道弗曼：《当代风险管理与保险教程》，齐瑞宗等译，清华大学出版社 2002 年版。

[24] 孙建勇：《企业年金管理指引》，中国财政经济出版社 2004 年版。

[25] 孙建勇：《企业年金运营与监管》，中国财政经济出版社 2004 年版。

[26] 孙建勇：《社会保障基金监管制度国际比较》，中国财政经济出版社 2004 年版。

[27] 孙建勇：《社会保障基金运营与监管》，中国财政经济出版社 2004 年版。

[28] 孙建勇、杨长汉等译：《养老金治理与投资》，中国发展出版社 2007 年版。

[29] 唐旭、杨辉生：《中国养老基金的投资选择》，《金融研究》2001 年第 11 期。

[30] 王东进：《中国社会保障制度的改革与发展》，法律出版社 2001 年版。

[31] 魏加宁：《养老保险与金融市场》，中国金融出版社 2002 年版。

[32] 杨长汉：《企业年金该确定怎样的投资收益目标》，《上海证券报》

2010 年 5 月 21 日。

[33] 杨长汉：《企业年金投资需防范五大风险》，《中国证券报》2005 年11 月 14 日。

[34] 杨长汉：《受托人在企业年金投资决策和绩效贡献中的关键作用》，《金融时报》2010 年 5 月 24 日。

[35] 杨长汉：《五大因素制约企业年金投资收益》，《证券日报》2011 年3 月 3 日。

[36] 杨长汉：《西方证券投资理论演变与述评》，经济管理出版社 2010 年版。

[37] 杨长汉、张平国：《企业年金需要协调监管》，《中国证券报》2005 年 5 月 24 日。

[38] 杨长汉：《中国企业年金投资运营研究》，经济管理出版社 2010 年版。

[39] 杨帆、郑秉文、杨老金：《中国企业年金发展报告》，中国劳动社会保障出版社 2008 年版。

[40] 杨老金、邹照洪：《企业年金存量市场化转型策略》，《首席财务官》2006 年 12 月。

[41] 杨老金、邹照洪：《企业年金方案设计与管理》，中国财经出版社2006 年版。

[42] 杨燕绥：《企业年金理论与实务》，中国劳动社会保障出版社 2003 年版。

[43] 伊志宏：《养老基金改革模式选择及其金融影响》，中国财政经济出版社 2000 年版。

[44] 约翰·坎贝尔、路易斯·维瑟拉：《战略资产配置——长期投资者的资产组合选择》，陈学彬等译，上海财经大学出版社 2004 年版。

[45] 郑秉文：《不同法系造就企业年金不同命运》，《中国证券报》2006 年 4 月 8 日。

[46] 郑秉文：《福利国家经济学》，中国劳动保障出版社 2003 年版。

[47] 郑秉文：《坚持 DC 防止 DB 中国企业年金的必由之路》，《中国劳动保障报》2005 年 11 月 17 日。

[48] 郑秉文：《企业年金发展路径抉择需谨慎》，《中国证券报》2006 年3 月 31 日。

[49] 郑秉文、杨长汉：《企业年金投资要走出两大认识误区》，《上海证券报》2010 年 6 月 7 日。

[50] 郑秉文、杨长汉：《社保基金投资管理人队伍亟待壮大》，《中国证券报》2010 年 7 月 7 日。

[51] 郑秉文、杨长汉：《受托人"空壳化"动摇信托型年金治理结构》，《证券日报》2010 年 7 月 22 日。

[52] 郑秉文、杨长汉：《应提高企业年金权益类投资比例》，《中国证券报》2010 年 6 月 7 日。

[53] 郑秉文、杨老金：《年金当务之急：存量需转型、增量需创新》，《证券日报》2006 年 12 月 26 日。

[54] 郑秉文、杨老金：《我国联合企业年金计划展现独特魅力》，《上海证券报》2006 年 4 月 6 日。

[55] 中国证券监督管理委员会：《中国资本市场发展报告》，中国金融出版社 2008 年版。

[56] 中国证券业协会：《证券发行与承销》，中国财政经济出版社 2010 年版。

[57] 朱青：《养老基金制度的经济分析与运作分析》，中国人民大学出版社 2002 年版。

[58] AIMR. Performance Presentation Standards Handbook 1997. AIMR, 1996.

[59] Ando, A. and Modigliani, F. The "Life Cycle" Hypothesis of Saving Aggregate Implications and Tests. American Economic Review, 1963 (53).

[60] Bodie, Zvi. Pension Funds and Financial Innovation. Financial Management, 1990 Autumn.

[61] Browning, Edgar K. Why the Social Insurance Budget is too Large in a Democracy. Economic Inquiry, 1975 (13).

[62] Brown, J. R., O. S. Mitchell and J. M. Poterba. Mortality Risk, Inflation Risk, and Annuity Products. NBER Working Paper 7812, 2000.

[63] Chen, Nai-Fu. Some Empirical Tests of the Theory of Arbitrate Pricing. The Journal of Finance, 1983, 38 (5).

[64] Corsetti, G., P. Pesenti and N. Roubini. The Role of Large Players in Currency Crises. Mimeo, 2001.

［65］Costa，D. The Evolution of Retirement：An American Economic History，1880-1990. University of Chicago Press，1998.

［66］Daniel，K.，and D. Marshall. The Equity Premium Puzzle and the Risk-free Rate Puzzle at Long Horizons. Macroeconomic Dynamics，1977（1）.

［67］David Blake. Pension Economics. Wiley，December 13，2006.

［68］David Blake. Pension Finance. Wiley，December 13，2006.

［69］Davis，E. Philip. Pension Funds - Retirement-income Security，and Capital Markets——A International Perspective. Clarendon Press，Oxford，1995.

［70］Davis，E. Philip. Regulation of Pension Funds. OECD，Mimeo，1997.

［71］Diamond，D. W. and P. Dybvig. Bank Runs，Deposit Insurance，and Liquidity. Journal of Political Economy，1983（105）.

［72］Diamond，D. W. Financial Intermediation and Delegated Monitoring. Review of Economic Studies，1984（51）.

［73］Diamond. Peter and Salvador Valdes-Prieto. Social Security Reforms，In the Chilean Economy：Policy Lessons and Challenges. Edited by B. Bosworth，R. Dornbusch and R. Laban，Washington DC：The Brooking Institution，1994.

［74］Estelle James，Gary Ferrier，James Smalhout，Dimitri Vittas. Mutual Funds and Institutional Investments：What is the most Efficient Ways to Set up Individual Account in a Social Security System? NBER Conference，1998.

［75］Fama，Eugene F. and James D. MacBeth. Risk，Return and Equilibrium：Empirical Tests. Journal of Political Economy，1973，81（3）.

［76］Fama，Eugene F.，and Kenneth R. French. Business Conditions and Expected Returns on Stocks and Bonds. Journal of Financial Economics，1989（25）.

［77］Fama，Eugene F. and Kenneth R. French. Common Risk Factors in the Returns on Bonds and Stocks. Journal of Financial Economics，1993（33）.

［78］Feldstein，M. and A. Samwick. Social Security Rules and Marginal Tax Rates. National Tax Journal，1992（45）.

［79］Feldstein，M. Social Security and Private Saving：Reply. Journal of Political Economy，1982，90（3）.

［80］Feldstein，M. Would Privatizing Social Security Raise Economic Welfare? NBER Working Paper No. 5281.

[81] Frank J. Fabozzi. Pension Fund Investment Management. Frank J. Fabozzi Associates , 1997.

[82] Griffin, John M. , Jeffrey Harris, and Selim Topaloglu. The Dynamics of Institutional and Individual Trading. Journal of Finance, 2003 (58).

[83] Henriksson, R. Marketing Timing and Mutual Fund Performance: An Empirical Investigation. Journal of Business, 1984 (57).

[84] Henton, J. , and D. J. Lucas. Market Frictions, Savings Behavior and Portfolio Choice. Journal of Macroeconomic Dynamics, 1997 (1).

[85] Henton, J. C. , and D. J. Lucas. Portfolio Choice and Asset Prices: The Importance of Entrepreneurial Risk. Journal of Finance, 2000 (55).

[86] Holzmann, R. On the Economic Benefits and Fiscal Requirements of Moving from Unfunded to Funded Pensions. AICGS Research Report 4, American Institute of Contemporary German Studies, The Johns Hopkins University, 1997.

[87] Holzmann, R. Pension Reform, Financial Market Development, and Economic Growth: Preliminary Evidence from Chile. IMF Staff Papers 44, 1997, (2).

[88] Huberman, Gur. A Simple Approach to Arbitrage Pricing Theory. Journal of Economic Theory, 1981 (28).

[89] Jensen, C. The Performance of Mutual Funds in the Period 1945-1964. Journal of Finance, 1968 (23).

[90] Kocherlakota, N. R. The Equity Premium: it's Still a Puzzle. Journal of Economic Literature, 1996 (34).

[91] Kopits, G. and P. Gotur. The Influence of Social Security and Household Savings: A Cross-Country Investigation. IMF Staff Papers, 1980 (27).

[92] Koskela E. and M. Viren. Social Security and Household Saving in an International Cross Section: Some Further Evidence. Bank of Finland Working Paper, 1986, 86 (2).

[93] Kotlikoff, L. J. Social Security and Equilibrium Capital Intensity. Quarterly Journal of Economics, 1979, 93 (2).

[94] Lucas, D. J. Asset Pricing with Undiversifiable Risk and Short Sales Constraints: Deepening the Equity Premium Puzzle. Journal of Monetary Economics, 1994 (34).

［95］Lucas Jr, R. E. Asset Prices in an Exchange Economy. Econometrica, 1978 (46).

［96］Mark Grinblatt, Sheridan Titman. Performance Measurement without Benchmarks: An Examination of Mutual Fund Returns. Journal of Business. 1993, 66 (1).

［97］Markowitz, Harry M. Portfolio selection. Journal of Finance, 1952 (7).

［98］McGrattan, E. R. , and E. C. Prescott. Is the Market Overvalued? Federal Reserve Bank of Minneapolis Quarterly Review, 2000 (24).

［99］Mehra, R. The Equity Premium: Why is it a Puzzle. Financial Analysts Journal, January/February, 2003.

［100］Mossin, Jan. Equilibrium in a capital asset market. Econometrica, 1966, 34 (4).

［101］Munnell, Alicia H. Private Pension and Saving: New Evidence. Journal of Political Economy , 1976 (84).

［102］OECD. Maintaining Prosperity in an Aging Society. www. OECD. org.

［103］OECD, Note by the Secretariat. Selected Principles for the Regulation of Investments by Insurance Companies and Pension Funds. OECD, Paris, 1998.

［104］Olivia S. Mitchell, Zvi Bodie, P. Brett Hammond, Stephen Zeldes. Innovations in Retirement Financing. University of Pennsylvania Press, 2002.

［105］Oudet, B. Data and Studies on Saving in France: A Survey. in G. von Furstenberg (ed.): Social Security Versus Private Saving. Ballinger, Cambridge, MA, 1979.

［106］Prescott, E. C. , and R. Mehra. Recursive Competitive Equilibrium: The Case of Homogeneous Households. Econometrica, 1980 (48).

［107］Raveh, Adi. A Note on Factor Analysis and Arbitrage Pricing Theory. Journal of Banking & Finance, Amsterdam, 1985, 9 (2).

［108］Roll, Richard, Ross, Stephen A. An Empirical Investigation of the Arbitrage Pricing Theory. The Journal of Finance, Cambridge, 1980, 35 (5).

［109］Roll, Richard, Ross, Stephen A. The Arbitrage Pricing Theory – Approach to Strategic Portfolio Planning. Financial Analyst Journal , May–June 1984.

［110］Ross, S. A. A Simple Approach to the Valuation of Risky Streams. Journal of Business, 1978 (51).

[111] Samuelson, P. An Exact Consumption Loan Model of Interest With or Without the Social Contrivance of Money. Journal of Political Economy, 1958 (66).

[112] Samuelson, P. Optimum Social Security in a Life-Cycle Growth Model. International Economic Review, 1975 (16).

[113] Sheng Cheng Hu. Social Security, the Supply of Labor, and Capital Accumulation. The American Economic Review, 1979, 69 (3).

[114] Shome, P. and K. Saito. Factors Affecting Saving, Policy Tools, and Tax Reform: A Review. IMF Staff Papers, 1980 (37).

[115] Venti, Steven F. and David A. Wise. Individual Response to a Retirement Saving Program: Result from U. S. Panel Data. Ricerche Economiche, 1994 (49).

[116] Walker, Eduardo and Fernando Lefort. Pension Reform and Financial Markets: Are There Any (Hard) Links? Mimeo. Washington DC: World Bank, 1999.

[117] William F. Shape. Asset Allocation: Management Style and Performance Measurement. Journal of Portfolio Management, Winter, 1992.

[118] William F. Shape. Mutual Fund Performance. Journal of Business, 1996 (39).

[119] Zvi Bodie, E. Philip Davis. The Foundations of Pension Finance. Edward Elgar Publishing Ltd, 2000.